Georg Schwikart

Gott hat viele Namen

Gewidmet meinem Patenkind Miriam

Georg Schwikart

Gott hat viele Namen

Kinder aus aller Welt
erzählen von ihrem Glauben

Mit Illustrationen von Markus Humbach

Patmos

Bildnachweis

Peter Wirtz: S. 18, 30, 42, 54, 55, 57, 59, 66, 78
Hermann-Josef Frisch: S. 20, 22, 24, 25, 26, 27, 33, 35, 36, 37, 39, 47
Foto-present: S. 10, 24, 72
Reinhard Mandl: S. 12, 13
Zefa: S. 14
Museum of the American Indian, Heye Foundation, New York: S. 15
Wohlrab: S. 21
Ann und Burg Peerless: S. 23
William Macquitty: S. 32
Annemarie und Josef Schelbert: S. 46
Rheinisches Bildarchiv: S. 48, 51
Dorothea Meyer: S. 49, 63
Rembrandt: Christuskopf: S. 56

Peter Conolly/Oxford University Press: S. 58
Michelangelo: Erschaffung Adams (Sixtinische Kapelle): S. 60
Lucas Cranach d. Ä.: Martin Luther: S. 61
Martin Rosswog: S. 67
Werner Trutwin: S. 68
National-Bibliothek, Paris: S. 69, 73
Liba Taylor, Hutchison Library: S. 70
Cornelia Fischer: S. 71
Königliche Botschaft Saudi-Arabien: S. 74
Guido Mangold: S. 75
Jacek Jan Pawlik: S. 79, 81, 82, 83
Alle weiteren Bilder: Archiv Patmos Verlag oder unbekannter Herkunft

Die Deutsche Bibliothek – CIP-Einheitsaufnahme

Gott hat viele Namen: Kinder aus aller Welt erzählen von ihrem Glauben / Georg Schwikart. Mit Ill. von Markus Humbach. – 1. Aufl. – Düsseldorf: Patmos, 1996
ISBN 3-491-79479-X
NE: Schwikart, Georg; Humbach, Markus [Ill.]

© 1996 Patmos Verlag Düsseldorf
Alle Rechte vorbehalten
1. Auflage 1996
Umschlagfotos: Peter Wirtz (6 x); Herzog/present (1 x); Markus Humbach (Illustration)
Umschlaggestaltung: Volker Butenschön, Lüneburg
Satz: Fotosatz Moers, Mönchengladbach
Reproduktion: RCL, Düsseldorf
Druck und Verarbeitung: GRAFO, S.A., Basauri, Spanien
ISBN 3-491-79479-X

Inhalt

Für hilfreiche Hinweise und Anmerkungen, Korrekturen oder Übersetzungen danke ich sehr herzlich folgenden Wissenschaftlern, Theologen verschiedener Religionen und Freunden:
M. Salim Abdullah, Ginny Ackermann, Martin Baumann, Joël Berger, Gretl Enste, Bernhard Fliß, Ritoo Goel, Thomas Hoffmann-Dieterich, Reiner Mahlke, Jacek Jan Pawlik, Ursula Schairer, Chantal Zimmer-Leflere.

Georg Schwikart

Gott hat viele Namen

Menschen auf der ganzen Welt haben einen Kopf, zwei Arme und zwei Beine. Alle müssen essen und trinken, alle werden müde, suchen nach Anerkennung und Liebe. Alle sterben einmal. Über fünf Milliarden Menschen leben auf der Erde. Und obwohl sie so Wichtiges verbindet, leben sie doch so unterschiedlich. Kontinente, Völker und Länder haben ihre Eigenarten und ihre Traditionen. Aber es gibt noch ein Merkmal, das Menschen sowohl entzweien als auch über alle Grenzen hinweg verbinden kann: die Religion.

Die Wege sind vielfältig, sich dem zu nähern, was die einen Gott, die anderen anders nennen. Es sind mehr Wege, als dieses Buch vorstellen kann.

Aber sieben Kinder aus der großen Zahl der Religionen möchten Euch von ihrem Glauben erzählen. Sie sprechen über wichtige Personen oder uralte Geschichten, die vielleicht in heiligen Büchern aufgeschrieben sind. Sie berichten von religiösen Festen und Feiern ihrer Religion, die ganz allgemein *Ritus* oder *Zeremonie* genannt werden.

Was Euch Tokahe, Ritoo, Kazuyoshi, Yardena, Arne, Aishe und Kofi von ihrem Leben erzählen, ist nicht immer schnell zu verstehen. Es braucht Ruhe und Zeit, sich in eine fremde Religionswelt einzufühlen. Doch es ist eine wichtige und spannende Sache: Denn die meisten Religionen, von denen hier gleich die Rede ist, sind auch in unserem Land vertreten.

Wenn die Menschen Frieden schließen wollen, müssen auch die Religionen friedlich miteinander auskommen. Dazu ist es notwendig, einander besser kennenzulernen. Das hilft außerdem, die Angst vor dem Fremden abzubauen. Und wäre es nicht prima, wenn irgendwann alle sagen könnten: »Vieles ist bei euch anders, aber vieles ist auch ganz ähnlich wie bei uns. Jeder soll seinen Weg gehen und den anderen schätzen.«

Der Weg, den Du gehst, hat nicht bei Null angefangen: Lerne den Weg Deiner Vorfahren kennen. Dann gehe in Freundschaft mit allen Menschen guten Willens dem Ziel entgegen. Für religiöse Menschen ist es ein großartiges Ziel. Durch viele verschiedene Bilder wurde versucht, es zu umschreiben. Und wenn es Gott heißt, dann hat dieser Gott viele verschiedene Namen. Du bist eingeladen, ein paar Namen kennenzulernen.

Ich meine, das Wichtigste ist: unterwegs zu sein. Schöne Begegnungen mit anderen Menschen unterwegs wünscht Dir

Georg Schwikart

Übrigens: Die *kursiv* gesetzten Begriffe und Eigennamen findest Du am Ende dieses Buches bei den »Fremdwörtererklärungen« erläutert.

7

ASIEN

AFRIKA

INDISCHER

OZEAN

AUSTRALIEN

TOTEMPFAHL

Eine indianische Religion

Man kennt meinen Stamm unter dem Namen *Sioux.* Aber wir selbst nennen uns *Lakota.* »Indianer« werden wir von den Weißen genannt, weil *Kolumbus* am Ende des 15. Jahrhunderts dachte, er hätte Indien entdeckt. Doch er kam in das Land unserer Brüder. Nach ihm kamen viele Eroberer. Sie nahmen uns das Land weg. Die Lakota konnten nicht mehr leben wie früher. Sie wurden in *Reservate* abgedrängt. Dort hat sich unser Leben verändert. Wir können keine Büffel mehr jagen. Aber unsere Verehrung von *Wakan Tanka* haben wir bewahrt. Wakan Tanka: Das ist ein großes Geheimnis. Die Macht des Universums ist Wakan Tanka. Was wir nicht begreifen können, ist Wakan Tanka.

Die heilige Zahl ist vier. Vier Enden der Erde gibt es, die vier Winde, vier Jahreszeiten, vier Farben, vier Elemente, vier Tugenden sollte ein Mann haben. Und vier mal vier, also sechzehn, Wakan-Mächte gibt es: Sonne, Mond, Wind, Donner, Erde, Felsen, Geister und andere. Die Natur und wir Lakota gehören zusammen. Wir sind eins. Deswegen nennen wir die Erde unsere Mutter und die zwei- und vierbeinigen Lebewesen unsere Brüder.

Das Bindeglied zwischen den Lakota

Tokahe aus Standing Rock (Nord-Dakota, USA)

Wakan Tanka!
Sei barmherzig mit uns, damit unser Volk leben möge.

(Häufiges Gebet der Lakota)

Ich mache heiligen Rauch;
So mache ich den Rauch;
Mögen alle Völker ihn sehen!
Ich mache heiligen Rauch;
Mögen alle aufmerken und herschauen!
Mögen die Geflügelten und die
  Vierbeinigen
Aufmerken und ihn ansehen!
Auf diese Weise mache ich den Rauch;
Freude wird im ganzen Weltall
  herrschen!

(Rituallied)

Es ist gesagt: Die Menschen lebten zu-
sammen mit den Bisons und anderen
Jagdtieren in einer Höhle unter der
Erde. Ein junger Mann übernahm die
Führung und brachte die Menschen un-
ter großen Schwierigkeiten an die Erd-
oberfläche. Dort mußten sie die Jagd er-
lernen, um nicht zu verhungern. Auch
das Herstellen von Kleidern und Zelten
mußten sie lernen. Der junge Mann
und seine Freunde waren die ersten
Menschen, die auf der Erde lebten. Ihre
Kinder waren die Lakota.

(Wie die Menschen auf die Erde
gekommen sind – Eine Geschichte
der Lakota)

und Wakan Tanka ist die *heilige Pfeife.*
Bei allen wichtigen Stammesanlässen
wird die Pfeife geraucht. Sie ist das
Zeichen der Verbindung von Himmel
und Erde. Ein weiser Lakota, Schwar-
zer Hirsch, sagte einmal: »Wenn ihr
mit dieser Pfeife betet, so betet ihr für
alle und mit allen.«

Vor langer, langer Zeit brachte uns die
Weiße Büffelkalb-Frau das Geschenk
der heiligen Pfeife. Unsere Alten erzählen uns die Geschichte, und ich
werde sie eines Tages meinen Kindern
und Enkeln weitererzählen: »Es ist
gesagt: Zwei Lakota-Männer waren
auf der Jagd. Da begegneten sie einer
wunderschönen Frau, die in weißem
Hirschleder gekleidet war. Einer der
Männer wollte sie küssen. Er wurde
vernichtet. Den anderen Mann schick-
te die Frau ins Lager zurück, um alles
für ihren Empfang vorzubereiten. Er
tat, was ihm aufgetragen wurde. Die
Weiße Büffelfrau brachte den Lakota
die heilige Pfeife mit und unterrichte-
te sie in den *sieben Riten*. Dann ver-
wandelte sich die Frau nacheinander
in ein Büffelkalb, einen weißen Büffel
und einen schwarzen Büffel. Dann
verschwand sie.«

Die sieben Riten sind Zeichen für die
Kraft von Wakan Tanka. Dazu gehört
zum Beispiel die *Reinigungszeremonie*
in der Schwitzhütte: Reinigung bedeutet hier nicht waschen, sondern alles
Unwahrhaftige, Traurige und Kraftlose

loslassen. Gestärkt gehen die Lakota aus der Schwitzhütte heraus. Früher wurde die Zeremonie fast täglich durchgeführt, heute vor allen großen Unternehmungen.

Voller Spannung warte ich auf den nächsten Sommer. Dann gehe ich auf einen abgelegenen Hügel. Dort werde ich fasten und beten, meine Haare nicht kämmen und unter Tränen Wakan Tanka anrufen. Ich werde darum flehen, von Wakan Tanka zu träumen und Botschaften für mein Leben zu erhalten.

Wenn ich zurückkomme, werde ich erwachsen sein. Dann darf ich auch am *Sonnentanz* teilnehmen. Das ist ein großes Ereignis in jedem Sommer.

O Wakan Tanka, du hast eine Verwandtschaft mit diesem jungen Mann aufgerichtet, und durch diese Verwandtschaft wird er seinem Volke Kraft bringen. Wir, die wir jetzt hier sitzen, stellen das ganze Volk dar und danken dir, o Wakan Tanka. Wir alle erheben jetzt die Hände und sagen: Wakan Tanka, wir danken dir für dieses Wissen und diese Verwandtschaft, die du uns gegeben hast. Sei immer barmherzig mit uns. Möge diese Verwandtschaft bis zum Ende dauern.

(Gebet für einen jungen Mann, der von der Visionensuche zurückgekehrt ist)

Der Vater legt seinem Sohn den Kopfschmuck an. Die Federn sind ein Zeichen für die Strahlen der Sonne und die Kraft von Wakan Tanka.

![Ein »Tipi« aus Holz und Leder zu errichten]

Ein »Tipi« aus Holz und Leder zu errichten,
ist nicht leicht: Das Indianerzelt schützt vor Frost
und Hitze. Heute leben die meisten Indianer
in festen Häusern.

Die Sonne, das Licht der Welt,
ich höre sie kommen.
Ich schaue ihr Antlitz, da sie kommt.
Sie beglückt die Wesen der Erde,
und sie freuen sich.
O Wanka Tanka,
dir biete ich diese Lichtwelt dar.

(Gebet beim Sonnentanz)

Wenn die Sonne heiß brennt, tanzen einige Männer vier Tage lang zum Rhythmus der Trommeln. Sie essen und trinken nichts. Das ganze Volk ermutigt sie durchzuhalten. Alle beten zu Wakan Tanka, und die tanzenden Männer opfern ein Stück ihres Fleisches. Das erneuert die ganze Welt. Den Lakota fließen dadurch neue Kräfte zu. Die gemeinsame Verehrung von Wakan Tanka im Sonnentanz hält uns Lakota fest zusammen.

Jetzt aber freue ich mich erst einmal auf den nächsten Mond. Dann ist eine Gedenkfeier für unseren Häuptling,

13

der letztes Jahr gestorben ist. Es gibt gute Speisen, und Geschenke werden verteilt. Wir sitzen im Kreis auf der Erde. Wir verbrennen süßes Gras, trinken Wasser und rauchen die Pfeife. Jeder sagt: »Alle meine Verwandten«. Und ich spüre: Alle sind mit allen verbunden. Mich umgibt Wakan Tanka. Ich wünsche allen Menschen Frieden und Glück. Für uns Lakota gehört dazu, daß man uns so leben läßt, wie es schon unsere Urahnen taten.

Der Totempfahl stellt die Ahnentiere des Stammes dar, die von den Indianern verehrt werden.

O großer Geist, dessen Stimme ich in den Winden vernehme und dessen Atem der ganzen Welt Leben spendet, höre mich.

Ich trete vor Dich hin als eines Deiner vielen Kinder. Ich bin klein und schwach. Ich bedarf Deiner Kraft und Weisheit.

Laß mich in Schönheit wandeln, und laß meine Augen immer den roten und purpurnen Sonnenuntergang schauen.

Laß meine Hände die Dinge verehren, die Du gemacht hast, und meine Ohren Deine Stimme hören.

Schenke mir Weisheit, damit ich die Dinge, die Du mein Volk gelehrt hast, und die Lehre, die Du in jedem Blatt und jedem Felsen verborgen hast, erkennen möge.

Nicht um meinen Brüdern überlegen zu sein, suche ich Kraft, sondern um meinen größten Feind bekämpfen zu können – mich selbst.

Mache mich immer bereit, mit reinen Händen und geradem Blick zu Dir zu kommen, damit mein Geist, wenn dereinst mein Leben verblaßt wie die untergehende Sonne, ohne Scham zu Dir kommen möge.

(Anrufung der Sioux-Indianer)

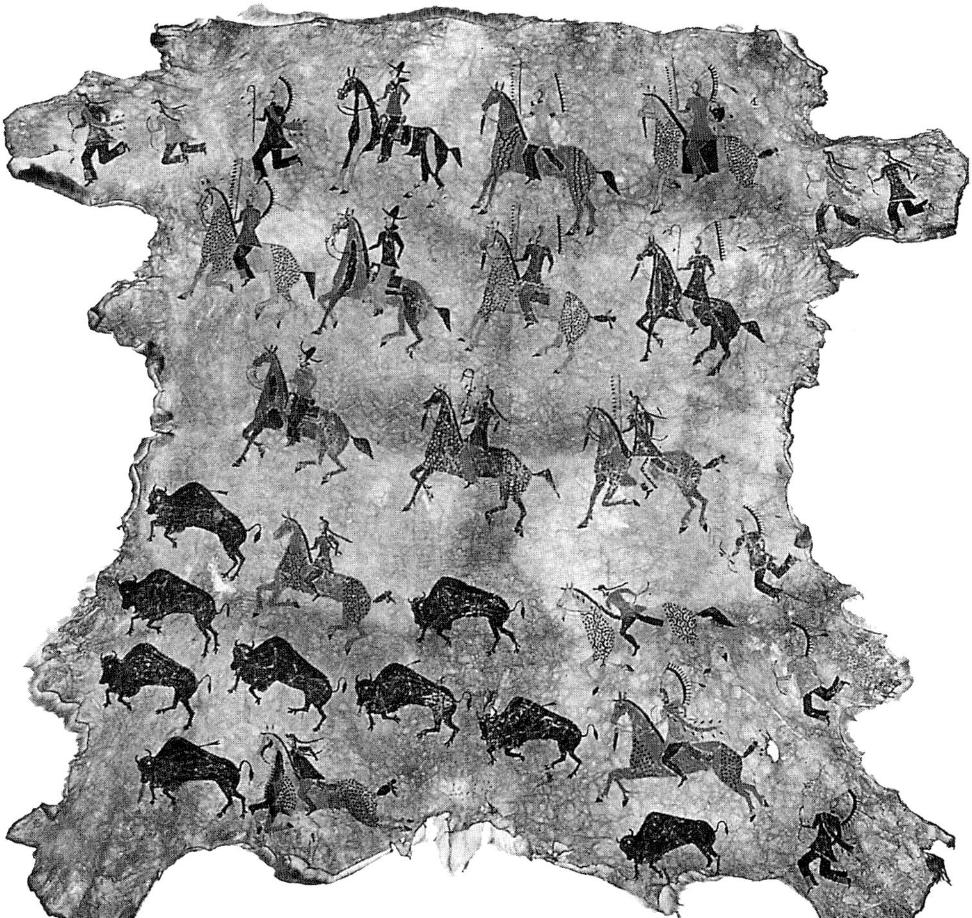

Hinduismus

NORDAMERIKA

SÜDAMERIKA

ATLANT. OZEAN

PAZIFISCHER OZEAN

EU...

TEMPEL-ELEFANT

DELHI

AMRAVATI KALKUTTA

BOMBAY

INDISCHER

OZEAN

AUSTRALIEN

ERIKA

HINDUISTISCHER
TEMPEL

AM GANGES

Der Hinduismus

Ich lebe in Indien. Das ist ein sehr großes Land. Es gibt hier Meere und Berge, fruchtbare Täler und weite Ebenen. Sogar verschiedene Sprachen sprechen die Menschen in meinem Land. Fast 800 Millionen Menschen leben in Indien. 700 Millionen davon sind *Hindus.* Sie leben in riesigen Städten wie Delhi, Bombay oder Calcutta – oder in den ungezählten kleinen Dörfern. Auch ich lebe in einem Dorf, weil meine Eltern Bauern sind.

»Hindu« – das ist ein persisches Wort und heißt eigentlich übersetzt nur: ein Inder – und Inder heißen wir, weil durch unser Land ein großer Fluß fließt, der »Indus« heißt.

Manche sagen, der Hinduismus sei nicht eine, sondern viele Religionen, weil in Indien so viele religiöse Wege möglich sind. Na und, wir glauben, daß jeder selbst seinen Weg finden muß. Unsere Religion ist das »*Sanatana dharma«.* Das zu übersetzen ist nicht leicht: vielleicht mit »ewige Ordnung« oder »ewige Lehre«. Wir glauben, daß »*Dharma«* immer schon da war. Es regelt den Lauf der Welt. Das »Dharma« ist ein Weg zu leben.

Wir Hindus sind wirklich ganz unterschiedlich. Die meisten glauben an viele verschiedene Götter. Viele glau-

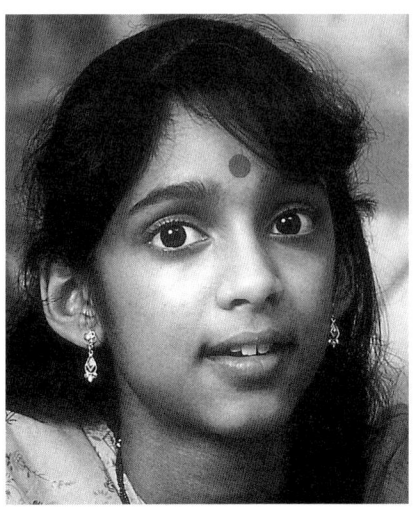

Ritoo aus einem Dorf bei Amravati (Indien)

18

Geburt   *Leben*   *Tod*

Die heilige Silbe »Om« (sprich: a-u-m) ist ein Sinnbild der drei Lebensstadien: Geburt, Leben und Tod.

ben, es gibt nur einen Gott. Andere glauben, es gibt mehrere Götter, aber einer von ihnen steht am höchsten. Manche essen aus Ehrfurcht vor dem Leben der Tiere kein Fleisch, sie sind Vegetarier. Andere opfern Tiere im Tempel und grillen mit Vergnügen am Fluß ein Stück Fleisch. Aber uns alle verbindet die heilige Silbe »*om*«. Jeden Morgen summe ich sie. Sie ist ein *Mantra* – ein kurzes Wort, das man ganz oft wiederholen kann. Langsam wird das Mantra aus den Buchstaben a, u und m gebildet: a-u-m. Das macht jeder Hindu jeden Tag, wenn er an Gott *Shiva* glaubt. Ein Bild des gemalten Mantras hängt in unserer Wohnung. Meine Mutter hat einen Anhänger damit um ihren Hals hängen. Und am Mofa meines Vaters klebt es am Lenker. In dieser heiligen Silbe steckt unser ganzes Leben: Die Zeichen unserer Schrift für die Begriffe Geburt, Leben und Tod sind darin enthalten.

Mit dem Mantra »om« beginnt mein Tag. Mit meinen Eltern und meinen Geschwistern sitze ich auf dem Fußboden, die Beine überkreuzt. Wir halten die Morgenandacht, die *Puja*. Wir summen dabei die heilige Silbe. Dann sprechen wir den Namen des Gottes *Krishna* aus. Dabei schauen wir auf unsere Nasenspitze und wenden uns der aufgehenden Sonne zu. Wir zitieren Verse aus dem heiligen Buch, dem *Rig Veda*. Das ist ein Teil unserer hei-

19

ligen Schriften, die *Veden* genannt werden und schon älter als 3000 Jahre sind! Wir trinken einen Schluck Wasser und wiederholen den Namen Krishnas. Meine Mutter spritzt etwas Wasser um uns herum. Gott ist in uns. Zum Zeichen dafür berührt jeder sechs Stellen seines Körpers mit Wasser. Ein paar Verse lesen wir noch, aus einer anderen heiligen Schrift, der *Bhagavadgita*, bis wir unser Morgengebet mit einer Verbeugung beenden. Die Bhagavadgita ist der »Gesang des Herrn« unseres Gottes Krishna.

Unsere Götter zeigen uns den Lauf des Lebens: Brahman, Vishnu und Shiva.

Möge Frieden sein im Himmel,
möge Frieden sein am Firmament,
möge Frieden sein auf der Erde,
möge Frieden sein in den Wassern,
möge Frieden sein in den Pflanzen,
möge Frieden sein in den Bäumen,
mögen wir Frieden finden
in den göttlichen Kräften,
mögen wir Frieden finden
im obersten Herrn,
mögen wir alle Frieden finden,
und möge dieser Friede meiner sein:
Frieden, Frieden, Frieden!

(Aus dem Buch der Veden)

Der Gott Shiva mit seiner Frau Parvati. Er hat verschiedene Beinamen, zum Beispiel »Herr des Viehs« oder »König der Tänzer«.

Du bist der erste aller Götter,
du bist seit uralten Zeiten,
du bist die höchste Zuflucht im
  Universum,
du bist der Allwissende und der,
den wir kennen müssen,
du bist das oberste Ziel,
das Universum ist durchdrungen von
  dir!

(Aus der Bhagavadgita)

Brahma ist der Schöpfer, der Atem der Welt. Brahma hat alles gemacht. Brahma ist das Absolute und für Menschen so unvorstellbar groß, daß Brahma gar nicht angebetet werden kann. *Vishnu* ist der Erhalter. Er bestimmt, wie es uns in unserem Leben ergeht. Schließlich *Shiva*: Er ist der Zerstörer. Das ist gar nicht nur schlimm, denn vieles muß ja vergehen, zerstört werden, damit Neues entstehen kann.

Krishna ist ein beliebter Gott der Hindus. Er gilt als Offenbarer göttlicher Botschaften.

Der Gott Vishnu ist neunmal aus seinem Himmel zu den Menschen herabgestiegen. Einmal als Fisch, einmal als Schildkröte, Eber oder Zwerg. Beim achten Mal kam er als Gott Krishna, der in Indien von vielen Menschen geliebt und verehrt wird. Auch von meiner Familie! Wenn er zum zehnten Mal kommt, wird ein neues Zeitalter anbrechen. Darauf warten wir noch. Niemand kann sagen, wann es so weit ist.

Es kann mir auch keiner sagen, wie es mit meinem Leben weitergeht, wenn ich sterbe. Ich weiß aber: Nach meinem Tod werde ich wiedergeboren. Etwas von mir lebt weiter, auch wenn ich sterbe. Das ist das »samsara«. Jeder Mensch muß so häufig wiedergeboren werden, bis er »Moksha« erreicht hat – die Erlösung aus dem Kreislauf der Wiedergeburten. Um dahin zu kommen, bemühe ich mich um ein gutes »Karma«. Wenn ich Schlechtes tue, bereite ich mir schlechtes Karma. Wenn ich aber etwas Schönes und Gutes mache, erwerbe ich gutes Karma. Das kann ich zum Beispiel erlangen, wenn ich *meditiere* oder meine *Yogaübungen* mache. Bei Meditation und Yoga muß man ganz still sein, in bestimmten Positionen sitzen und die Gedanken loslassen. Dann kann man mit dem Dharma eins werden. Manche Menschen in Indien bemühen sich, nichts anderes zu machen. Das

*Du meine Mutter, du mein Vater,
du mein Freund, du mein Lehrer,
du meine Weisheit, du mein Reichtum,
du mein Alles, o Gott aller Götter!*

*O Gott! Du bist der Geber des Lebens,
der Heiler von Schmerzen und Sorgen,
der Geber von Glückseligkeit.
O Schöpfer des Universums,
sende uns dein reinigendes Licht,
und führe unsere Gedanken
auf deinen Wegen.*

(Tägliches Gebet vieler Hindus)

Die Leichen verstorbener Hindus werden noch am gleichen Tag verbrannt; hier eine Leichenverbrennung auf Bali.

Eine Hochzeit ist bei den Hindus ein großes Fest: Sie ist ein Zeichen für die Verschmelzung der Gegensätze, die zur Harmonie führt.

*Von der Unwirklichkeit
führe mich in die Wirklichkeit.
Von der Dunkelheit
führe mich ins Licht.
Vom Tod
führe mich in die Unsterblichkeit.*

*(Bekanntes Gebet aus den
Upanishaden)*

sind die *Asketen.* Sie dürfen sich nicht berauschen und nicht heiraten. Und Asketen leben ganz schlicht und arm. Auch mir kann der Verzicht helfen, ein gutes Karma zu schaffen.

Dazu gehört auch, daß ich mein »*Varna*« akzeptiere. Varna ist die Gruppe, zu der ich gehöre. Man kann dazu auch »*Kaste*« sagen. Ich gehöre zur Kaste der Bauern, weil meine Eltern ja Bauern sind.

Außerdem gibt es noch die Händler, die Krieger und die Priester. Früher war genau geregelt, wie die Anhänger der vier Kasten miteinander umzugehen hatten. Man durfte auch nur innerhalb einer Kaste heiraten. Viele

23

Menschen gehören keiner dieser Gruppen an. Sie sind »*die Unberühr-baren*«. Noch vor ein paar Jahrzehnten hatten diese armen Leute keine Rechte. Aber im modernen Indien sind sie gleichberechtigt. *Mahatma Gandhi* hat die Unberührbaren »Kinder Gottes« genannt.

Ich freue mich immer, wenn ich mit meiner Familie in die große Stadt fahre: nach Amravati. Dort gibt es viel zu sehen. Wir gehen in den Tempel und zünden Räucherstäbchen vor dem Bild

Kühe sind den Hindus heilig: Sie dürfen nicht getötet oder gar gegessen werden. Sie laufen frei herum, auch in den Städten, und haben überall »Vorfahrt«.

O mein Kind, mit Gottes Gnade mögest du standhaft und stark werden, wie ein Fels, eine Axt für den Bösen, aufgeweckt im Charakter und im Wissen wie Gott. Möge Gott dir den Verstand der Veden schenken. Mögest du einhundert Herbste erleben.

(Gebet für ein neugeborenes Kind)

Im Fluß Ganges zu baden, ist für Hindus eine religiöse Handlung. Hier beten Frauen bei der Stadt Benares.

Krishnas an. Wir bringen auch Blumen und Früchte mit. Und auf den Straßen müssen die Autos anhalten, wenn gerade eine *Kuh* herumspaziert. Die Kühe gelten uns als heilig, denn sie sind ein Zeichen des Lebens. Sie dürfen machen, was sie wollen. Wir kämen nie auf die Idee, eine Kuh zu schlachten!

Auf dem Weg zur Stadt überqueren wir einen kleinen Fluß. Dann träume ich immer von der Reise zu einem großen Fluß: zum *Ganges*. In ihm zu baden, ist eine heilige Handlung. Solch ein Bad reinigt uns von aller Schuld. Wenn ich erwachsen bin, möchte ich einmal dorthin fahren. Jeden Tag baden Millionen Hindus in

dem Fluß! Für einen Hindu ist die Stadt *Benares* am Ganges der wahre Ort, um dort zu sterben.

Wenn wir das nächste Mal nach Amravati fahren, kaufen wir Geschenke für *Divali* ein. Das ist ein großes Fest im Oktober. Es ist wunderschön: Wir schmücken unser Haus dann mit vielen Öllämpchen. Auch die Tempel und Götterstatuen sind mit Lämpchen geschmückt. Deswegen heißt das Fest auch »Lichterfest«. *Lakshmi,* das ist die Frau Vishnus, besucht jedes erleuchtete Haus. Sie ist eine Glücksgöttin. Wir beschenken uns gegenseitig und essen leckere Sachen. Zwei Tage lang feiern wir Divali. Ich habe schulfrei! Und jeden Abend ist ein Feuerwerk.

Auch das *Holi-Fest* ist toll. Es ist im Frühling. Wochen vorher schon wird Holz gesammelt und aufgestapelt. Am Festtag wird es genau um 4 Uhr morgens angezündet. Wir tanzen um das Feuer herum. Wir haben keine Schule und singen unserem Lieblingsgott Krishna Lieder. Die Haut und die Kleider färben wir mit buntem Puder. Am meisten macht Spaß, sich gegenseitig mit dem Puder bunt zu machen. Dann ist es uns egal, daß wir uns ja irgendwann mal wieder waschen müssen …

Dieser Tempeleingang mit den verschiedenen Statuen zeigt: Im Hinduismus haben viele Götter Platz.

Bild rechts: Der Gott Ganesh mit dem Elefantenrüssel ist der Gott des Wohlstands, des Glücks und des Geldes. Kein Wunder, daß er viel verehrt wird.

Buddhismus

NORDAMERIKA

EUR

ATLANT. OZEAN

PAZIFISCHER OZEAN

SÜDAMERIKA

TIBETANISCHES KLOSTER

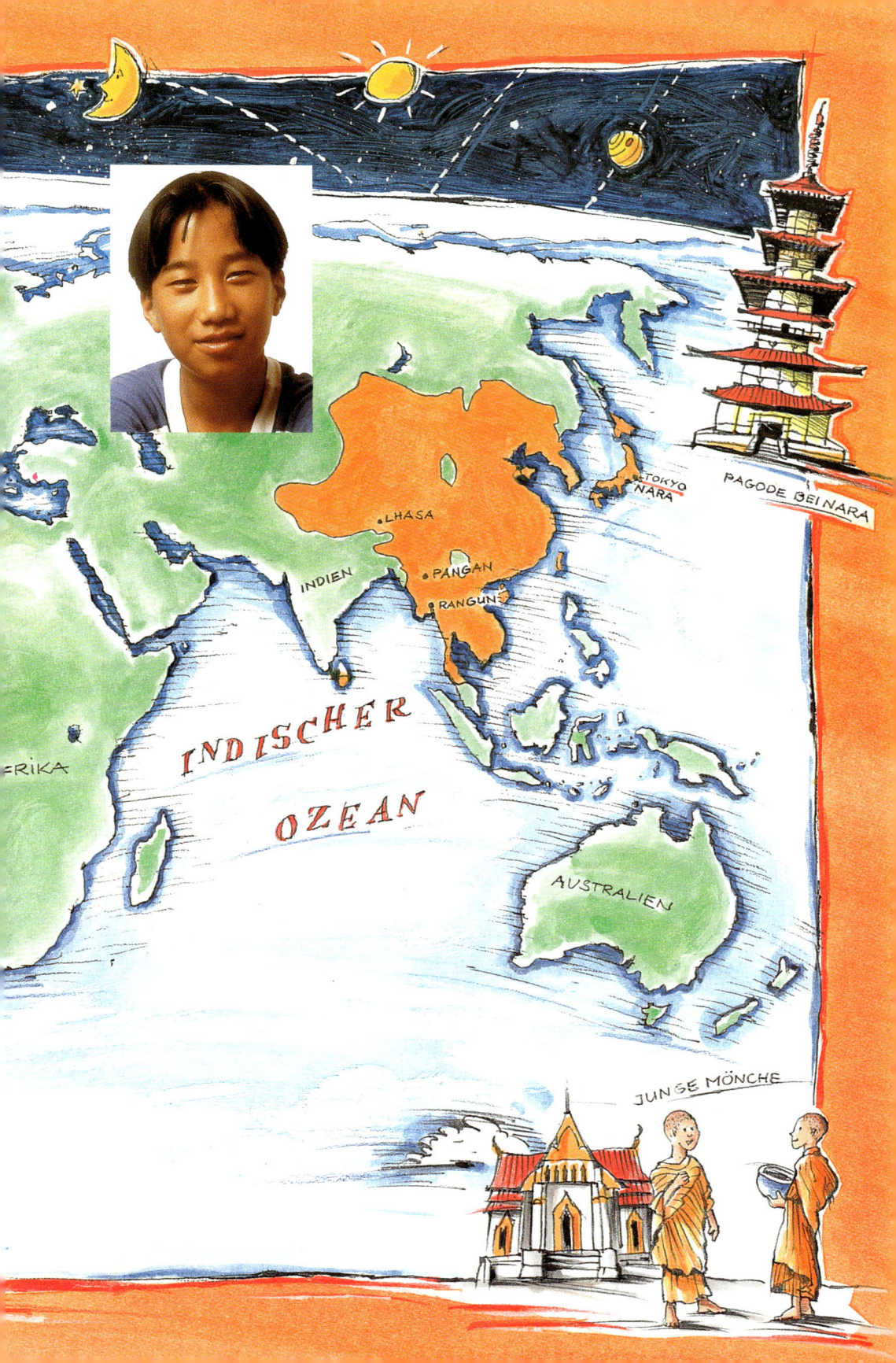

INDIEN

LHASA

PANGAN

RANGUN

TOKYO
NARA

PAGODE BEI NARA

INDISCHER

OZEAN

FRIKA

AUSTRALIEN

JUNGE MÖNCHE

Der Buddhismus

»Ich nehme meine Zuflucht zu *Buddha,* ich nehme meine Zuflucht zur Lehre, ich nehme meine Zuflucht zur Gemeinschaft.«

So beginnen die Andachten, die ich morgens mit meiner Familie vor unserem Hausaltar halte. Darauf ist eine Buddhafigur aus wertvollem Holz; davor stehen Blumen und Obst. Wir setzen uns auf einer weichen Unterlage auf den Boden, zünden ein Räucherstäbchen an und sprechen einige Verse aus einem unserer »heiligen Bücher«, dem *Lotussutra.* Das können wir auch im Tempel machen. Wenn Vollmond ist, gehen wir dorthin und bringen einer ganz großen goldenen Buddhastatue Blumen und Früchte.

Wir verehren den Buddha, weil er uns wichtige Dinge erklärt hat, damit wir unser Leben besser verstehen können. Ich spüre es ja an mir selbst, wie recht er hat, wenn er sagt: Die Menschen sind gierig! Sie wollen mehr Dinge haben, als zum Leben nötig sind. Damit kommen sie nie zum Ende. Buddha hat uns gezeigt: Das Verlangen bereitet den Menschen Leiden. Die meisten sind unglücklich und unzufrieden. Denn auch wenn sie glücklich sind, wollen sie immer noch ein bißchen mehr glücklich sein. Buddha hat uns

Kazuyoshi aus Tokio (Japan)

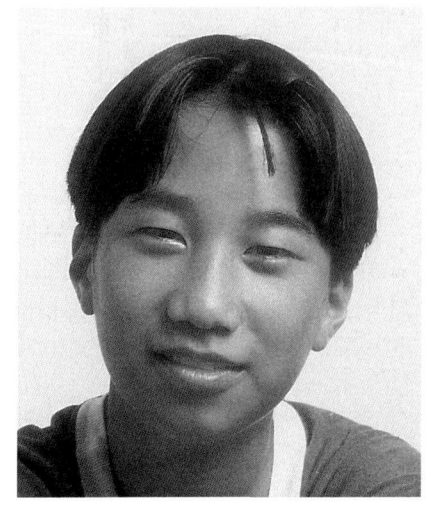

30

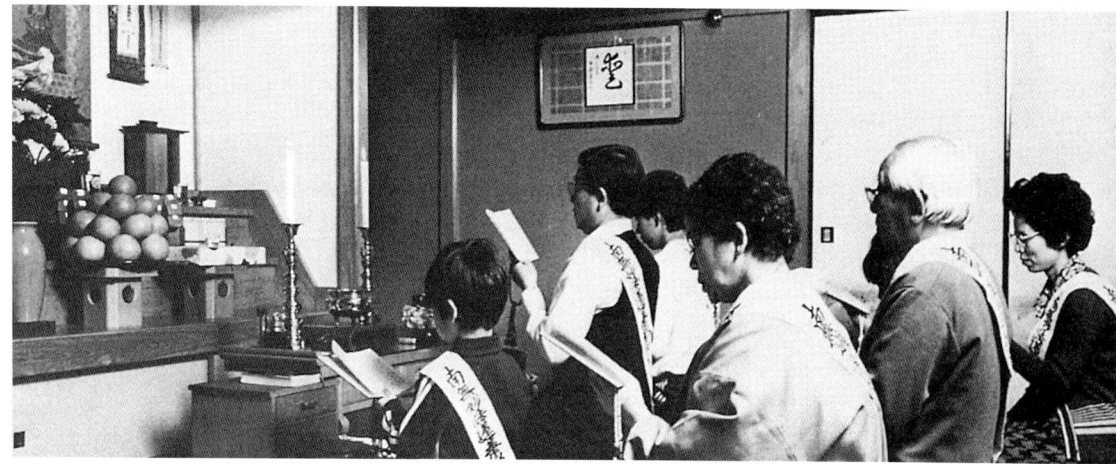

Eine ganze Familie liest das Lotussutra vor einem Hausaltar, in dem ein Bild des ewigen Buddha verwahrt wird.

1. Begrüßung
Ehrfurchtsvoll und aufrichtig grüße ich den Guru und alle Buddhas und Bodhisattvas, die in den zehn Richtungen und den drei Zeiten wohnen.

2. Opfer und Anbetung
Ich gebe so schöne Gaben wie Blumen, Weihrauch, Lichter, Parfüms, Essen und Musik, sowohl in voller Gestalt als auch in Gedanken.

auch einen Weg gezeigt, wie wir das Leiden überwinden können.

Wenn ich Euch vom Buddhismus erzählen soll, so fange ich am besten beim Buddha an. Er lebte vor mehr als 2500 Jahren auf der Erde, und zwar in Indien. Eigentlich hieß er *Siddhartha Gautama.* Er war der Sohn eines Fürsten und unheimlich verwöhnt! Sein Vater hatte ihm drei Paläste gebaut; einen für den Sommer, einen für den Winter und einen für die Regenzeit. Dort war er von Musikanten umgeben und hatte ein bequemes Leben. Mit 16 Jahren heiratete er; als er 29 Jahre alt war, bekam er mit seiner Frau einen Sohn.

Doch das süße Leben war auch langweilig. Heimlich machte er Ausfahrten mit dem Pferdewagen. Was er außerhalb seiner schönen Paläste sah, das schockierte ihn. Am ersten Tag sah er einen gebückt gehenden Greis. Be-

31

kümmert kam er nach Hause und mußte erstmals in seinem Leben daran denken, daß seine blühende Jugend ein Ende haben würde. Am zweiten Tag sah er einen kranken Mann, der vom Aussatz befallen war: Dieser stank fürchterlich und sah erbärmlich schlimm aus. Siddhartha war entsetzt, so jemanden hatte er noch nie gesehen. Doch er fuhr auch am dritten Tag mit dem Pferdewagen durch die Dörfer. Da begegnete er einem Trauerzug. Eine Gruppe von Leuten trug gerade einen Leichnam zum Verbrennungsplatz. Als Siddhartha nach Hause kam, konnte er nicht schlafen, so beschäftigte ihn diese Erkenntnis: Alle Menschen müssen sterben, früher oder später, ganz gleich, was sie hier gemacht haben.

Siddhartha entschloß sich, noch einmal in die Welt außerhalb seiner Paläste zu gehen. Am vierten Tag traf er einen kahlgeschorenen *Pilger* in schäbigem Gewand. »Das ist es«, dachte sich Siddhartha. Auch er wollte so ein Pilger werden – ein *Mönch*. Heimlich verließ er nachts seine Frau und seinen Sohn und zog vom Haus in die Hauslosigkeit.

Er probierte es mit *Askese*. Das heißt, er aß kaum etwas, trank wenig und meditierte den ganzen Tag. Das machte er sechs Jahre lang, bis er so abgemagert war, daß man alle seine Knochen zählen konnte. Bald wäre er an

3. Bekenntnis und Reue
Ich bereue alle meine schlechten Taten, die ich begangen habe von der Zeit ohne Anfang bis jetzt, wenn meine Gedanken überwältigt waren von Dummheit, Gier, Haß und Verblendung.

Viele Jahre fastete Siddhartha sehr streng. Auf diesem Wege konnte er die Erleuchtung nicht erlangen.

4. Erfreuen an den guten Taten anderer
Ich erfreue mich an den guten Taten
von erleuchteten und gewöhnlichen
Menschen, am Glück, das sie
hervorbringen.

Die kostbaren Buddhastatuen sollen nicht
Siddhartha Gautama abbilden, sondern die Fülle
der Erkenntnis und Weisheit darstellen.

Erschöpfung gestorben. Er wollte die
Erleuchtung mit dem Fasten erzwin-
gen, aber das ging nicht.
Er ließ vom totalen Fasten ab. Manche
glaubten, Siddhartha wolle gar kein
Mönch mehr sein. Wie er aber einmal
unter einem Baum saß und völlig ohne
Druck und Zwang war, da wurde er
plötzlich erleuchtet! Ihm wurde klar,
wo das Leiden herkommt – und wie
man es überwinden kann. Der Lebens-

durst ist unser Problem. Das Begehren nach ständigem Glück – das es eben nicht geben kann – muß überwunden werden. Erst der mittlere Weg – zwischen Luxus und Askese – führt zum Ziel.

An jenem Tag wurde Siddhartha Gautama der Erleuchtete, der Erwachte. In der Sprache seines Landes hieß das eben: »Buddha«. Das ist ein Ehrentitel. In der nordindischen Stadt Benares hielt er seine erste öffentliche Predigt. Andere Männer schlossen sich ihm an. Er lehrte die Menschen den Weg zur Erleuchtung. Wir sagen: Er setzte das *Rad der Lehre* in Bewegung. Das heißt, der Buddha zeigte den Menschen etwas, was sie vorher nicht gewußt hatten. Dieses Rad dreht sich bis heute.

5. Bitte um Lehre

Bitte drehe das Rad des Dharma der verschiedenen Lehren, das übereinstimmt mit den verschiedenen Sinneshaltungen und Sehnsüchten der Wesen.

6. Bitte, daß die Lehrer in der Welt bleiben

Siehe mit Mitleid auf die Wesen, die in den Ozean des Leidens gesunken sind, und obwohl Samsara nicht leer ist, laß sie nicht ins Nirvana eingehen.

7. Widmung der guten Taten

Mögen alle guten Taten, die ich angesammelt habe, die Basis für die Erleuchtung sein.

(Das siebenfältige Gebet)

Buddha verglich seine Lehre mit einem Rad: Einmal in Bewegung gesetzt, läuft es immer weiter. Das soll sagen, Buddhas Lehre ist immer noch aktuell.

In manchen buddhistischen Ländern können schon Kinder ins Kloster gehen – für eine bestimmte Zeit, oder sie bleiben ein Leben lang Mönch. Hier eine Aufnahme aus Burma.

Dies, ihr Mönche, ist die edle Wahrheit vom Leiden: Geburt ist Leiden, Alter ist Leiden, Krankheit ist Leiden, Sterben ist Leiden; mit Unlieben vereint sein ist Leiden. Von Lieben getrennt sein ist Leiden. Nicht erlangen, was man begehrt, ist Leiden. Kurz, das Verbundensein an die fünf Objekte des Ergreifens ist Leiden. Dies, ihr Mönche, ist die edle Wahrheit von der Entstehung des Leidens: Es ist der die Wiedergeburt erzeugende Durst, begleitet von Wohlgefallen und Begier, der hier und dort seine Freude findet: nämlich der Durst nach Lust, der Durst nach Werden und Dasein, der Durst nach Vergänglichkeit. Dies, ihr Mönche, ist die edle Wahrheit von der Aufhebung des Leidens: die Aufhebung dieses Durstes durch restlose Vernichtung des Begehrens, ihn fahren lassen, sich seiner entäußern, sich von ihm lösen, ihm keine Stätte gewähren. Dies, ihr Mönche, ist die edle Wahrheit von dem Weg, der hinführt zur Aufhebung des Leidens: Es ist dies der edle achtfache Pfad.

(Aus einer Predigt des Buddha)

Nach und nach wuchs seine Anhängerschaft. Neben dem Mönchsorden kam später ein Orden für Nonnen hinzu. 44 Jahre zog Buddha herum, nur in der langen Regenzeit versammelten sich die Mönche in festen Häusern. Als er 80 Jahre alt war, starb Buddha. Er ging ins endgültige Verlöschen – ohne *Wiedergeburt* –, ins Nirvana ein. Obwohl ich den Buddha verehre und mich vor seinen Statuen verneige, weiß ich doch, daß er selbst kein Gott ist. Buddha selbst machte sich auch keine großen Gedanken über Götter. Für ihn war das richtige Verhalten wichtig. Er wollte uns helfen, die selbstsüchtigen Wünsche zu überwinden. Das ist demjenigen möglich, der den

achtfachen Pfad beachtet. Da wird schon viel von einem verlangt! Aber das Ziel ist ja auch groß: Wir bemühen uns um eine bessere Wiedergeburt, um einmal den leidvollen Kreislauf des stetigen Wiedergeborenwerdens verlassen zu können. Das ist das *Nirvana*.

Euch Kindern in Deutschland dieses Nirvana zu erklären, ist ziemlich schwer. Also, wir sehen das so: Jeder Mensch wird nach dem Tod wiedergeboren. Das ist für uns so selbstverständlich wie die Tatsache, daß auf die dunkle Nacht der helle Tag kommt. Man wird also in einem anderen Lebewesen noch einmal geboren und muß noch einmal ein Leben leben. Während des Lebens tut ein Mensch Gutes oder Schlechtes. Damit schafft er sich gutes oder schlechtes *Karma*. Wir haben zum Beispiel fünf Lebensregeln: Ein Buddhist soll sich bemühen, nicht zu töten, nicht zu stehlen, nicht die Ehe zu brechen, nicht zu lügen, keinen Alkohol zu trinken. Wenn ich also in der Schule behaupte, Nikkyo habe die Kreide weggenommen, obwohl ich es war, dann habe ich mir schlechtes Karma bereitet. Oder: Wenn die Jungen in meiner Klasse einer Spinne die Beine ausreißen wollen und ich kann sie überzeugen, das Tier wieder in die Natur zu setzen, so erwerbe ich gutes Karma.

Wer viel gutes Karma hat, wird in ein gutes Leben wiedergeboren – oder

Gläubige verehren den Buddha, indem sie vor den Statuen Opfergaben wie Blumen oder Obst ablegen oder Räucherstäbchen verbrennen.

1. Rechte Erkenntnis oder rechte Anschauung: Damit ist die Erkenntnis der vier edlen Wahrheiten gemeint.

2. Rechte Gesinnung: Die Haltung der Güte und Friedfertigkeit, fern von Sinnenlust, Haß und Argem.

3. Rechte Rede: Keine Lüge, kein unnützes Geschwätz, keine Angeberei. Das Reden muß weise, wahr und versöhnlich sein.

4. Rechte Tat: Das gesamte sittliche Handeln, wobei vor allem Töten, Stehlen und Ehebruch ausgeschlossen sind.

5. Rechter Lebenserwerb fügt anderen Wesen im beruflichen Tun keinen Schaden zu.

6. Rechte Anstrengung läßt böse Willensregungen nicht aufkommen und fördert gute, so daß sich der Mensch in edlen Gedanken, Worten und Werken entfalten kann.

7. Rechte Achtsamkeit ist die klare, begierdefreie Besonnenheit beim Denken, Reden, Tun und Fühlen.

8. Rechte Sammlung erreicht der Fromme, losgelöst von allen Hindernissen, durch intensive Konzentration.

(Der edle achtfache Pfad)

Trotz vieler Unterschiede gibt es Dinge, die überall ähnlich sind: zum Beispiel die Ehe von Frau und Mann. Hier ein Hochzeitsmarsch in Vietnam.

eben umgekehrt. »Gutes Leben«, damit meine ich nicht Reichtum oder Schönheit, sondern ein Leben mit weniger Leiden. Das kann viele Male so gehen, bis ein Mensch genügend gutes Karma hat, um aus dem Kreislauf der Wiedergeburten austreten zu können. Das Nirvana ist dann die Befreiung vom Ich. Und vom Ich frei zu sein, das ist das Ende allen Leidens, weil man darin nicht mehr den Durst nach Leben verspürt.

Bei Buddha übrigens hatte direkt nach seinem »Erwachen« die Begierde nach Mehr-haben-Wollen aufgehört; so hätte er direkt ins Nirvana eingehen können. Aber er wollte noch bei den Menschen bleiben, um ihnen die Lehre zu verkünden.

Jetzt freue ich mich auf unsere Feiertage: Im Mai jeden Jahres erinnern wir

uns an die Geburt, die Erleuchtung und den Eingang des Buddha ins endgültige Verlöschen. Auch wenn kein Fest ist, *meditiere* ich fast jeden Tag. Ich sitze still in meinem Zimmer und beobachte meine Gedanken. Sie kommen und gehen, es ist immer was los. Aber ich will zur Ruhe kommen, nicht über etwas nachdenken. Manchmal sind es nur ein paar Minuten. Die Mönche machen es jeden Tag ein paar Stunden! Hier in Japan sieht man sie nicht so oft auf der Straße wie in Sri Lanka oder Tibet. Dort fallen sie mit ihren orangen und roten Gewändern überall auf. Mönche und Nonnen haben strenge Lebensregeln und müssen ganz ohne Besitz leben. Sie haben kaum mehr, als sie am Leib tragen. Mit einer Schüssel erbetteln sie sich das Essen. Ihnen zu essen zu geben, das ist eine gute Tat. Meine Mutter empfängt jeden Mönch gerne. Wir danken ihm, denn er hat uns die Möglichkeit gegeben, eine gute Tat zu tun. Er dankt uns schweigend mit einem Nicken. In manchen Ländern Südasiens kann man auch zeitweise ins Kloster gehen, nur für ein paar Monate oder wenige Jahre. Das machen sogar schon Kinder!

In meinem Land Japan sind mehr als zwei Drittel der Leute Buddhisten. Auf der ganzen Welt leben etwa 300 Millionen. Aber es gibt ganz verschiedene Gruppen. Zu den beiden bekannte-

Mögen alle Wesen in Sicherheit
mit Herzen voll Freude leben.
Ob schwach oder stark, groß oder klein,
gesehen oder ungesehen, weit oder nah,
geboren oder ungeboren:
Mögen alle Wesen voll Freude sein!

Laß keinen einen anderen täuschen
oder überhaupt welche Wesen verachten.
Laß keinen aus Zorn oder Feindschaft
einem anderen Schaden wünschen.

Genau wie eine Mutter mit ihrem
eigenen Leben ihr einziges Kind schützt,
so schütze mit unbegrenzter Absicht alle
Wesen,
mit der unbegrenzten Absicht der Liebe,
die sich durch die Welt ausbreitet.
Oben, unten, in allen Richtungen,
lebe von Haß und Feindschaft
ungestört.

(Buddhistisches Gebet)

Mönche müssen sich ihr Essen erbetteln. Ihnen Nahrung zu geben, ist eine gute Tat – der Geber bedankt sich beim Bittenden.

sten sagen wir »*Kleines Fahrzeug*« und »*Großes Fahrzeug*«. »Kleines Fahrzeug«, damit ist die Richtung gemeint, die die Lehre Buddhas sehr streng auslegt; eigentlich können demnach nur Mönche und Nonnen erleuchtet werden. Mit dem »Großen Fahrzeug« können alle zur Erleuchtung kommen, die die buddhistischen Grundregeln des guten Verhaltens einhalten. Auch hier sind die Wege ganz verschieden: Manche meditieren nur, einige rufen den Namen Buddhas an. Wieder andere zitieren bestimmte heilige Texte und Bücher. Bei Euch in Deutschland leben ungefähr 40 000 deutsche Buddhisten und über 100 000 aus verschiedenen Ländern Asiens.

Viele Wege, die doch ein Ziel haben, nämlich ein Leben nach der Weise des Buddha.

Judentum

NORDAMERIKA

SAN FRANCISCO
CHICAGO
LOS ANGELES
NEW YORK
WASHINGTON
MIAMI
MONTREAL

SÜDAMERIKA

RIO DE JANEIRO
SÃO PAULO

BUENOS AIRES

PAZIFISCHER OZEAN

ATLANT. OZEAN

SYNAGOGE
IN ST. PETERSBURG

ST. PETERSBURG

MOSKAU

KIEW

ASIEN

MEWASSERET ZION
JERUSALEM

TORA

RIKA

INDISCHER

OZEAN

HARARE

AUSTRALIEN

KLAGEMAUER·
JERUSALEM

Das Judentum

»Sch'ma Jisrael, Adonaj elohenu, Adonaj ächat!« – Diesen Satz habe ich nie extra auswendig gelernt wie ein Gedicht, ich habe ihn einfach so oft gehört und mitgesprochen, daß er zu mir gehört: »Höre Israel, der Herr, unser Gott, der Herr ist einzig!«
Viele Male am Tag beten wir Juden so, denn wir glauben an den Einen Gott. Seinen Namen sprechen wir aus Ehrfurcht nicht aus, statt dessen sagen wir: »*Adonaj*«, das heißt »der Herr«. Er hat unsere Welt erschaffen und alles, was darauf lebt. Er hat den Menschen die *Tora* gegeben, das Gesetz. Die Tora hilft den Menschen, so zu leben, wie es Gott gefällt. Unter allen Völkern auf der Welt hat er das Volk Israel besonders beauftragt, seine Gebote zu halten.
Die Geschichte unseres Volkes ist schon sehr alt: Mehr als fünftausend Jahre kann man zurückgehen, da finden sich die ersten Spuren. Mit unserem Stammvater *Abraham* schloß Gott einen Bund, immer für ihn und seine Nachkommen da zu sein. Diesen Bund hat der Herr immer gehalten, auch in schweren Zeiten. Er hat ihn bekräftigt mit *Isaak, Jakob und Moses*. Als unser Volk wegen einer Hungersnot nach Ägypten ging, wurden die

Yardena aus Mewasseret Zion (Israel)

Gelobt seist du, Ewiger,
unser Gott, König der Welt,
der uns geheiligt durch seine Gebote
und uns befohlen,
uns mit den Worten der Tora
zu beschäftigen.

(Aus dem Morgengebet)

Höre Israel, der Herr, unser Gott, der Herr ist einzig. Du sollst den Ewigen, deinen Gott, lieben mit deinem ganzen Herzen und deiner ganzen Seele und deinem ganzen Vermögen. Es seien diese Worte, die ich dir heute befehle, in deinem Herzen. Schärfe sie deinen Kindern ein und sprich von ihnen, wenn du in deinem Hause sitzest und wenn du auf dem Wege gehst, wenn du dich niederlegst und wenn du aufstehst. Binde sie zum Zeichen auf deinen Arm, und sie seien zum Denkband auf deinem Haupte. Schreibe sie auf die Pfosten deines Hauses und deiner Tore!

(5. Buch Mose: Deuteronomium, Kapitel 6, Verse 4–9. Der erste Satz ist das tägliche Gebet: Sch'ma Jisrael)

Die Tora zu studieren, gehört zu den wichtigsten Aufgaben eines Juden.

Israeliten dort vom Pharao versklavt. *Mose* hat das Volk mit Gottes Hilfe befreit und ins Gelobte Land geführt. Und Mose erhielt von Gott das Gesetz, die Tora. Später mahnten die *Propheten* die Juden immer wieder, Gott nicht zu vergessen. König *Salomo* baute in der wunderbaren Stadt Jerusalem das Haus Gottes, den Tempel. Aber der ist leider schon seit fast zweitausend Jahren zerstört. Damals war unser Land von den Römern besetzt. Auch danach erlebten die Juden über die Jahrhunderte hinweg immer wieder Verfolgung und Unterdrückung, aber auch Befreiung – wie damals, als Gott das Schilfmeer teilte, damit das Volk aus Ägypten fliehen konnte. Wir sind überzeugt, daß Gott uns immer wieder rettete und retten wird und vor dem Untergang bewahrt. Gott ist wie ein guter Vater. Er hilft, er gibt Rat, er erzieht eben seine Kinder.

Am Anfang der Bibel wird erzählt, wie Gott Himmel und Erde erschuf – an sechs Tagen. Am siebten Tag ruhte er; so ist dieser Tag, der *Sabbat,* unser Feiertag. Natürlich lernen wir in der Schule auch, daß die Entstehung der Welt viel länger gedauert hat. Aber eigentlich ist ja nur wichtig, Gott hat die Welt geschaffen, sie ist nicht aus Zufall da! In Israel haben die Kinder am Sabbat schulfrei, die Geschäfte und Fabriken sind geschlossen.

Der Sabbat beginnt schon am Freitag-

abend, wenn die Sonne untergeht.
Mein Vater geht mit meinem kleinen
Bruder in die *Synagoge* und singt dort
das Lied zur Begüßung der »Königin
Sabbat«. Ich helfe zu Hause meiner
Mutter, den Tisch zu decken, dann
entzünden wir Frauen die Sabbatker-
zen. Wenn Vater und Shlomo heim-
kommen, halten wir ein feierliches
Mahl mit leckerem Essen. Am Sams-
tagmorgen gehen wir alle gemeinsam
in die Synagoge. Am Sabbat darf man
nicht arbeiten, nicht schreiben, keine
Geräte einschalten, nicht einmal Essen
kochen: Das hat meine Mutter schon
am Freitag vorbereitet. Wir lesen in
den Heiligen Schriften, aber natürlich
spiele ich auch mit Freundinnen.

Unser Jahr beginnt mit dem Monat
Tischri, das ist bei euch in Deutschland
etwa im September oder Anfang Oktober. Am *Neujahrstag* erinnern wir
uns an die Erschaffung der Welt. In
der Synagoge wird ein *Widderhorn* geblasen, das soll uns zur Umkehr zu
Gott mahnen. So sind dann auch die
folgenden zehn Tage eine Zeit der
Selbstprüfung. An deren Ende steht
unser heiligster Feiertag: *Jom Kippur* –
der Versöhnungstag. Früher betrat der
Hohepriester in Jerusalem an diesem
Tag das *Allerheiligste* des Tempels und
opferte dort für das ganze Volk. Heute
fasten wir und tragen weiße Kleider,
als Zeichen der Reinheit.

Jeder Sabbat ist für Juden ein Feiertag. Dazu
gehört ein kleiner Gottesdienst beim Abendessen
am Freitag. Hier eine Familie aus England.

Refrain:
*Gehe hin, mein Geliebter, der Braut
entgegen, die Schabbatbraut wollen wir
empfangen!*

*Dem Schabbat entgegen laßt uns gehen!
Er ist die Quelle des Segens. Vom Anbe-
ginn von der Vorzeit schon ward er bestimmt. Abschluß des Schöpfungswerkes,
im Plane das Erste.*

Refrain

*Komme in Frieden, Krone des Gatten,
mit Freude und mit Jauchzen, inmitten
der Treuen des erwählten Volkes, kehre
ein, Braut, kehre ein, Braut!*

Refrain

*(Lied zum Empfang der »Königin
Schabbat«)*

Aus Tüchern, Teppichen, Palmblättern und
anderen Pflanzen werden die Laubhütten gebaut.
In ihnen werden während des Festes die Mahl-
zeiten eingenommen, wenn es das Wetter zuläßt.

Fünf Tage später kommt schon das
nächste Fest: *Sukkot,* das Laubhüttenfest. Wir erinnern uns daran, wie Gott
unserem Volk bei der langen Wüsten-
wanderung nach dem Auszug aus
Ägypten alles schenkte, was es brauch-
te. Meine Eltern bauen im Garten oder
auf dem Balkon einfache Schutzhütten
aus Zweigen mit großen Blättern. In
diesen Hütten essen wir dann alle,
manchmal dürfen mein Bruder und
ich auch darin schlafen. Aber das geht
nur in warmen Ländern, wie hier bei
mir in Israel zum Beispiel.

In den Monat *Kislev* fällt mein Lieblingsfest: *Chanukka*. (Der Kislev fällt in die kalte Jahreszeit November/Dezember.) Da zünden die Kinder eine Woche lang jeden Abend ein Licht mehr auf einem Leuchter an, bis schließlich acht Kerzen brennen. Wir freuen uns über das Wunder, das vor mehr als zweitausend Jahren geschah. Damals hatten die Juden den Tempel in Jerusalem nach langer Belagerung wiedererobert. Das ewige Licht brannte acht Tage lang, obwohl das Öl eigentlich nur für einen Tag gelangt hätte. Heute feiern wir mit Liedern, Spielen, in Öl ausgebackenen Speisen und Geschenken für die Kinder. Die christlichen Kinder feiern übrigens zur gleichen Zeit auch ein Fest, nämlich Weihnachten.

Unser bekanntestes Fest ist wohl *Pes-*

Aus der Tiefe rufe ich, Herr, zu dir:
Herr, höre meine Stimme!
Wende dein Ohr mir zu,
achte auf mein lautes Flehen!
Würdest du, Herr, unsere Sünden
beachten,
Herr, wer könnte bestehen?
Doch bei dir ist Vergebung,
damit man in Ehrfurcht dir dient.
Ich hoffe auf den Herrn,
es hofft meine Seele,
ich warte voll Vertrauen auf sein Wort.
Meine Seele wartet auf den Herrn
mehr als die Wächter auf den Morgen.
Mehr als die Wächter auf den Morgen
soll Israel harren auf den Herrn.
Denn beim Herrn ist die Huld,
bei ihm ist Erlösung in Fülle.
Ja, er wird Israel erlösen
von all seinen Sünden.

(Psalm 130)

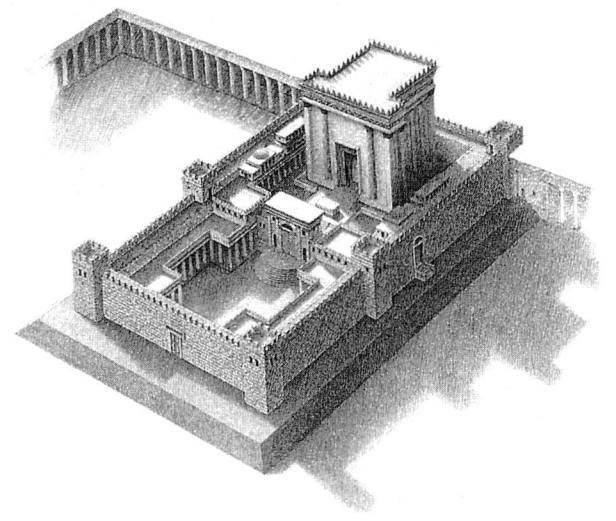

Der Tempel wurde von König Salomon erbaut und galt als das Haus Gottes. Im Jahre 70 nach Christus wurde er von den Römern zerstört; hier ist gemalt, wie das riesige Gebäude damals ausgesehen haben mag.

Jerusalem ist heute die Hauptstadt des Staates Israel und war immer schon das geistige Zentrum des Judentums. Im Gebetbuch der Bibel, den Psalmen, heißt es: »Erbittet für Jerusalem Frieden! Wer dich liebt, sei in dir geborgen.« (Psalm 122,6)

sach: Da feiern wir die Befreiung aus der Sklaverei in Ägypten, als seien wir selbst dort gefangen gewesen. Am ersten Abend gibt es ein besonderes Abendessen, bei dem jede Speise an ein Ereignis der besonderen Nacht erinnert. Das jüngste Kind fragt dann immer: »Warum ist diese Nacht anders als alle anderen Nächte?« Und mein Vater liest dann die Geschichte der Befreiung aus der *Haggada* vor. Die Haggada

47

Der siebenarmige Leuchter wird »Menorah« genannt; das Original stand vor 2000 Jahren im Tempel von Jerusalem, wurde aber dann nach Rom verschleppt.

ist ein Buch, in dem genau vorgeschrieben steht, was und wie wir an
diesem Abend essen und was wir vorlesen sollen. Einen Platz am Tisch lassen wir für den *Propheten Elia* frei.
Und für eine Woche dürfen wir kein
normales Brot essen, nur ungesäuertes
Brot aus Wasser und Mehl, das wir
»*Matzen*« nennen; auch unsere Vor-

Was unterscheidet diese Nacht
von allen anderen Nächten?
In jeder anderen Nacht essen
wir gesäuertes und ungesäuertes Brot,
in dieser Nacht nur ungesäuertes;
in jeder anderen Nacht
essen wir jede Art Kräuter,
in dieser Nacht Bitterkraut;
in jeder anderen Nacht sind wir nicht
gehalten, auch nur einmal einzutauchen,
in dieser Nacht zweimal;
in jeder anderen Nacht
essen wir sitzend oder angelehnt,
in dieser Nacht alle nur angelehnt.

Einst waren wir Sklaven
des Pharao in Ägypten,
aber der Ewige, unser Gott,
führte uns von dort heraus
mit starker Hand und ausgestrecktem Arm.
Hätte der Ewige, gepriesen sei er,
unsere Väter nicht aus Ägypten geführt,
wahrlich:
wir, unsere Kinder und Kindeskinder
hätten auf ewig in Ägypten dienstbar
bleiben müssen.

Wären wir auch alle weise, vernünftige
und erfahrene Männer,
wir alle auch Kenner der Tora,
so obläge es uns dennoch, die Geschichte
des Auszugs aus Ägypten zu erzählen;
und wer am meisten davon erzählt,
ist lobenswert.

(Aus der Haggada für den
Pessach-Seder)

*Gott, segne und beschütze den Staat
Israel. Wir bitten Dich:
Verleihe dem Volk Israel Mut und Kraft,
und schenke dem Heimatland des jüdischen Volkes Frieden und Freude.*

(Aus dem Gebet für den Staat Israel)

*Wir wollen Frieden für alle,
wir wollen Frieden für alle,
für alle Menschen hier auf Erden!
Wir wollen Frieden, Frieden,
Frieden in der Welt!*

(Israelisches Lied)

**Zum Andenken an die Millionen Juden, die in den
Vernichtungslagern umgebracht wurden, steht
dieses Mahnmal in der israelischen Gedenkstätte
»Yad Vashem«.**

fahren hatten ja keine Zeit mehr, um
gesäuertes Brot zu backen, als sie flohen.

Zum Judentum gehören alle, die von
einer jüdischen Mutter geboren wurden. Natürlich kann man unserer Religion auch beitreten. Die Jungen werden am achten Tag nach der Geburt
beschnitten; das ist das Zeichen des
Bundes zwischen Gott und unserem
Volk. Wir Kinder werden auf ein jüdisches Leben vorbereitet. Wir lernen,
was ein Jude oder eine Jüdin glaubt,
was wir tun und lassen müssen. Die
Jungen werden mit 13 Jahren zu einem
Sohn des Gesetzes, einem »*Bar Mizwa*«. »Bar« heißt Sohn, Tochter heißt
auf hebräisch »Bat«. Ich als ein Mädchen werde schon mit zwölf zu einer
Tochter des Gesetzes: Ich freue mich
auf meine Bat-Mizwa-Feier.

Übrigens haben wir israelische Kinder
es ja leichter als die jungen Juden
sonstwo auf der Welt. Denn Hebräisch

ist meine Sprache, alle anderen müssen sie neben ihrer Muttersprache extra erlernen, um die Texte der Tora lesen und verstehen zu können. So zum Beispiel in Deutschland. Dort haben die Juden eine besondere Bedeutung: Die Nazis wollten uns ja ausrotten und haben fast sechs Millionen Juden ermordet. Aber unser Volk lebt! Etwa 50 000 Juden leben in Deutschland, es gibt 30 Gemeinden.

Wenn das Herz des Judentums auch in Jerusalem schlägt, der Stadt Gottes, so gibt es doch Juden auf der ganzen Welt. Auch gibt es verschiedene Richtungen in unserer Religion: Manche machen alles haargenau, wie es in den heiligen Büchern steht. Andere passen sich sehr ihrer Umgebung an, man merkt kaum noch, daß sie Juden sind. Meine Familie versucht, das Judentum mit seinen vielen Traditionen in unserer modernen Welt zu leben.

Wir Juden sind oft in der Geschichte der Menschheit ausgelacht und verfolgt worden, weil wir unseren Glauben an den Einen Gott anders leben als andere Menschen. Aber Gott hat uns am Leben erhalten. Wir warten auf seinen Messias. Bei allen Unterschieden vereint doch alle Juden der Glaube an den Einen Gott. Ihn wollen wir mit unserem ganzen Leben preisen. Wenn ich einmal gestorben bin, wird ein Kind von mir am Grab ein großes Lobgebet sprechen, das *Kaddisch!*

Erhoben und geheiligt werde sein großer Name in der Welt, die er nach seinem Willen erschaffen, und sein Reich erstehe in eurem Leben und in euren Tagen und dem Leben des ganzen Hauses Israel schnell und in naher Zeit; sprechet: Amen!
Sein großer Name sei gepriesen in Ewigkeit und Ewigkeit der Ewigkeiten! Gepriesen sei und gerühmt und verherrlicht und erhoben und erhöht und gefeiert und hocherhoben und gepriesen der Name des Heiligen, gelobt sei er, hoch über jedem Lob und Gesang, Verherrlichung und Trostverheißung, die je in der Welt gesprochen wurde; sprechet: Amen!
Möge Erhörung finden das Gebet und die Bitte von ganz Israel vor seinem Vater im Himmel; sprechet: Amen!
Fülle des Friedens und Leben möge vom Himmel herab uns und ganz Israel zuteil werden; sprechet: Amen! Der Frieden stiftet in seinen Himmelshöhen, stifte Frieden unter uns und ganz Israel; sprechet: Amen!

(aus: Das Kaddisch)

Bild rechts: Die israelische Flagge enthält das Symbol des Judentums: den Davidstern. Dieses Zeichen haben die Nationalsozialisten übernommen; während ihrer schlimmen Herrschaft zwangen sie die Juden, den »Judenstern« als Erkennungszeichen anzustecken.

Christentum

Das Christentum

Mir geht das Lied nicht aus dem Sinn: »Tragt in die Welt nun ein Licht. Sagt allen: Fürchtet euch nicht. Gott hat euch lieb, groß und klein. Seht auf des Lichtes Schein.« – Wir haben es am letzten Sonntag im Kindergottesdienst gesungen, und seitdem summe und singe ich es immer wieder.

Zum Kindergottesdienst gehe ich gern. Erst treffen wir uns mit den Erwachsenen der Gemeinde in der Kirche. Nach ein paar Liedern und Gebeten gehen dann die Kinder mit den Betreuerinnen und Betreuern ins Gemeindehaus. Da setzen wir uns auf ein altes Sofa oder auf dicke Kissen auf den Boden. Wir singen zur Gitarre und hören Geschichten von Jesus. Wir sprechen darüber; manchmal malen oder basteln wir, oder wir spielen die Geschichten nach.

Jesus lebte vor 2000 Jahren in Israel. Er war ein Jude und glaubte an den Einen Gott. Wir Christen glauben, er war der Sohn Gottes. Als er dreißig Jahre alt war, machte er sich auf und zog als Wanderer durch seine Heimat. Er ging in die Dörfer und Städte seines Landes und erzählte von Gott als einem guten Vater. Viele Gläubige damals meinten, man müsse unbedingt eine Reihe von Vorschriften befolgen, um Gott zufrie-

Arne aus Frankfurt am Main (Deutschland)

Einige Leute brachten ihre Kinder zu Jesus, damit er ihnen die Hände auflegte, aber die Jünger wiesen sie ab. Als Jesus es bemerkte, wurde er zornig und sagte zu seinen Jüngern: »Laßt die Kinder doch zu mir kommen und hindert sie nicht, denn gerade für Menschen wie sie steht die neue Welt Gottes offen. Täuscht euch nicht: Wer sich der Liebe Gottes nicht wie ein Kind öffnet, wird sie nicht erfahren.« Dann nahm er die Kinder in die Arme, legte ihnen die Hände auf und segnete sie.

(Aus dem Markusevangelium, Kapitel 10, Verse 13–16)

Die Mauern der Kirche mögen alt sein: Wichtig ist, daß in ihr auch junge Menschen Gott zur Sprache bringen.

denzustellen. Jesus aber hielt dagegen: Gott ist kein strenger Aufseher oder Kontrolleur. Gott hat die Menschen gern. Er will, daß sie in Frieden leben können. Dafür müssen aber auch die Menschen gut miteinander umgehen. Jesus und seine Erzählungen von Gott müssen die Leute sehr beeindruckt haben. Er hat wohl so ganz anders von Gott gesprochen, als man es damals tat: so liebevoll. Dazu kamen seine Handlungen: Jesus konnte ruhig zuhören, wenn ihm jemand seine Sorgen erzählte. Er hat Aussätzige und Besessene geheilt, Kranke gesund gemacht. Eine Gruppe von Freundinnen und Freunden schloß sich Jesus an, wir nennen diese Freunde *Apostel* oder *Jünger*. Wenn diese Gruppe irgendwo hinkam, liefen viele Menschen zusammen. Alle wollten Jesus sehen und hören, wenn er Dinge tat, die den Leuten wie Wunder vorkamen. Es sollen manchmal Tausende gewesen sein. Jesus sprach von einer neuen Welt, wo es gerecht und friedlich zugehen würde – vom Reich Gottes auf Erden. Er forderte seine Zuhörer auf, mitzuhelfen, daß das Reich Gottes Wirklichkeit werden kann.

Aber das fanden nicht alle gut. Manche freuten sich nicht über diesen Jesus. Da gab es in der Hauptstadt Jerusalem wichtige Männer, denen paßte Jesus gar nicht: Sie hielten ihn für einen Aufrührer. Da Israel damals von

Von Jesus gibt es kein Foto. Niemand weiß heute, wie er wirklich ausgesehen hat. Künstler aller Zeiten haben ihn gemalt. Dieses Bild stammt von Rembrandt (1606–1669).

Denn am Abend, an dem er ausgeliefert wurde und sich aus freiem Willen dem Leiden unterwarf, nahm er das Brot und sagte Dank, brach es, reichte es seinen Jüngern und sprach:

NEHMET UND ESSET ALLE DAVON: DAS IST MEIN LEIB, DER FÜR EUCH HINGEGEBEN WIRD.

Ebenso nahm er nach dem Mahl den Kelch, dankte wiederum, reichte ihn seinen Jüngern und sprach:

NEHMET UND TRINKET ALLE DARAUS: DAS IST DER KELCH DES NEUEN UND EWIGEN BUNDES, MEIN BLUT, DAS FÜR EUCH UND FÜR ALLE VERGOSSEN WIRD ZUR VERGEBUNG DER SÜNDEN. TUT DIES ZU MEINEM GEDÄCHTNIS.

(Aus den Abendmahlgebeten der Katholischen Messe)

römischen Soldaten besetzt war, trieben sie es soweit, daß der römische Statthalter Jesus zum Tode verurteilte. Jesus wurde gekreuzigt: Mit ausgebreiteten Armen wurde er an ein Kreuz gebunden und genagelt. Er verblutete. Es war ein Freitag damals. Und noch heute denken wir jedes Jahr am *Karfreitag* an die Kreuzigung von Jesus.

Am Abend vor seinem Tod traf sich Jesus mit seinen Freunden noch zu einem feierlichen Abendessen. Vielleicht hielten sie den Sederabend des Pessachfestes. Sie waren ja alle Juden und feierten die jüdischen Feste. Ob Pessach oder nicht – an dieses Mahl erinnern wir uns immer wieder, wenn in der Kirche das *Abendmahl* gehalten wird. Der *Pfarrer* spricht dann die gleichen Worte, die damals Jesus sagte. Ich

Mit anderen Kindern gemeinsam macht der Gottesdienst Spaß.

darf am Abendmahl erst teilnehmen, wenn ich *konfirmiert* bin. Das werde ich mit 16 Jahren. Meine *katholischen* Klassenkameraden gehen aber schon mit neun Jahren zur Erstkommunion. Mit dem Tod am Kreuz ist aber die Geschichte von Jesus nicht zu Ende. Nachdem Jesus gestorben war, hatte man ihn vom Kreuz abgenommen und in ein Grab gelegt. Das war freitagsabends. Am Sabbat (also am Samstag) war Feiertag, da durfte niemand zu den Gräbern gehen. Am Sonntagmorgen schließlich gingen ein paar Frauen zum Grab, um den toten Jesus einzubalsamieren. Doch dann machten sie eine seltsame Erfahrung, die für ihr weiteres Leben entscheidend war: Das Grab war leer! Die Jünger spürten damals: Gott hat seinen Sohn wieder

Die Bibel gilt als das meistgelesene Buch der Welt: hier eine Micro-Ausgabe und eine Bibel für den täglichen Gebrauch.

zum Leben erweckt, er hat Jesus bestätigt und ihm mit seiner Botschaft vom Reich Gottes recht gegeben. Seit 2000 Jahren sagen wir Christen: Jesus ist auferstanden!

Deswegen wird Jesus von Nazaret auch *»Jesus Christus«* genannt. »Christus« ist ein griechisches Wort und bedeutet »der Gesalbte«. Wenn früher einer König wurde, salbte man ihm Kopf und Hände. Die Juden erwarteten und erwarten noch heute den *Messias.* Der Messias ist ein König, der gerecht regiert. Die ersten Jünger vertrauten darauf: Jesus ist dieser erwartete Messias! Andere Juden meinten, das könne doch nicht sein, da Jesus doch umgebracht wurde und nicht herrlich auf einem Königsthron saß. Wir Christen sagen: Jesus ist doch ein König, aber eben ganz anders, als wir uns Könige und ihre Reiche vorstellen. Nicht Macht und Prunk stehen im Vordergrund, sondern Liebe und Vergebung. – So ist jeder Sonntag für uns ein Jesus-Feiertag.

Eigentlich möchte ich jeden Tag an Gott denken, aber oft vergesse ich das einfach. Doch manchmal sehe ich dann irgend etwas Schönes, dabei fällt er mir ein. Gott hat ja die ganze Welt gemacht, die Schmetterlinge und den Schnee und alles. Manchmal fällt er mir auch ein, wenn ich traurig bin oder Angst habe. Dann erinnere ich mich, ich darf immer zu Gott kom-

Jesus wurde durch Kreuzigung hingerichtet: Diese Methode war besonders grausam und entehrend.

Halleluja! Halleluja! Halleluja! Gehet nicht auf in den Sorgen dieser Welt, suchet zuerst Gottes Reich. Und alles andere wird euch dazu geschenkt! Halleluja! Halleluja!

(Lied aus dem ökumenischen Kloster Taizé)

Die Taube ist das Zeichen für den Heiligen Geist.

men mit meinen Problemen und auch mit meiner Schuld, etwa wenn ich Dummheiten angestellt habe. Und manchmal spüre ich die Kraft Gottes, wenn sich zerstrittene Menschen wieder die Hände reichen. Oder wenn es mir nichts ausmacht, daß mich andere Kinder auslachen, weil ich sonntags zur Kirche gehe. Das macht wohl die Lebenskraft Gottes; wir nennen sie *Heiliger Geist*.

Manchmal bete ich einfach still, was mir gerade einfällt. Für Gott muß man keine besonderen Sprüche machen. Doch es ist auch gut, ein fertiges Gebet zu sprechen, wenn man keine Worte

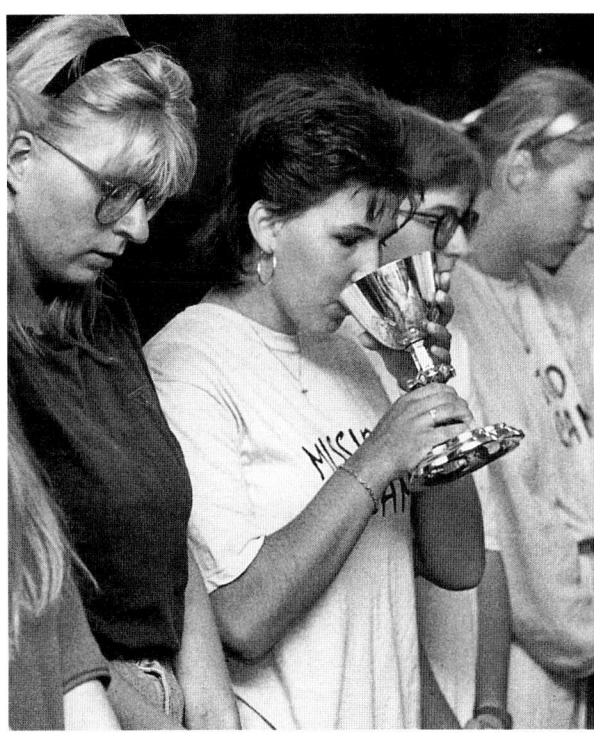

Für alle christlichen Kirchen ist die Feier des Abendmahls ein wichtiges religiöses Erlebnis. Hier ein Gottesdienst der evangelischen Kirche.

findet. Zum Beispiel das *Vaterunser.* Als ich auf der Beerdigung meiner Oma war, konnte ich nichts anderes sagen als dieses Gebet, so traurig war ich. Jesus selbst hat uns das Vaterunser beigebracht.

Die Geschichten von Jesus stehen im Neuen Testament. Das ist ein Teil der Bibel. »Bibel« ist ein griechisches Wort und heißt übersetzt einfach: »Buch«. Glaubende Menschen haben ihre Erfahrungen mit Gott darin aufgeschrieben, über fast tausend Jahre hinweg.

Bild rechte Seite: Martin Luther lebte von 1483 bis 1546. Eigentlich war er ein Mönch, kritisierte jedoch viele Dinge der katholischen Kirche seiner Zeit. Er wurde vom Papst aus der Kirche ausgeschlossen. Zu der von ihm ins Leben gerufenen Bewegung – dem Protestantismus – gehören heute etwa ein Viertel aller Christen, etwa 400 Millionen Menschen weltweit.

Bild unten: Christen glauben: Der Mensch ist kein Zufallsprodukt der Natur, sondern Gott hat ihn ins Leben gerufen. Hier eine sehr bildhafte Darstellung von Michelangelo: Gott, der Vater, berührt Adam, den ersten Menschen. Dadurch kann dieser leben.

Vater unser im Himmel,
geheiligt werde dein Name.
Dein Reich komme.
Dein Wille geschehe,
wie im Himmel, so auf Erden.
Unser tägliches Brot
gib uns heute.
Und vergib uns unsere Schuld,
wie auch wir vergeben
unsern Schuldigern.
Und führe uns nicht
in Versuchung,
sondern erlöse uns
von dem Bösen.
Denn dein ist das Reich
und die Kraft
und die Herrlichkeit
in Ewigkeit. Amen.

(Das Vaterunser; im Neuen Testament
ist es zu finden in den Evangelien von
Matthäus: 6,9b–13 und Lukas:
11,2b–4)

Sie alle schrieben von ihren Erfahrungen mit dem Einen Gott.

Wer an Jesus Christus glaubt, ist eine Christin – ein Christ. Alle Christen gemeinsam bilden die Kirche. Das gleiche Wort »Kirche« benutzen wir ja auch für die Häuser, in denen wir unsere Gottesdienste abhalten. Nun gibt es in der einen Kirche verschiedene Richtungen. Zum Beispiel die katholische und die evangelische Kirche. Ich frage mich manchmal, was uns eigentlich unterscheidet. Denn Katholiken und Evangelische beten das gleiche Glaubensbekenntnis. Als die Kirche vor fast 500 Jahren ziemlich träge geworden war und fast nur noch an ihren Reichtum und an Strafen für Verfehlungen dachte, statt sich um die Frohe Botschaft von Gott zu kümmern – da protestierte ein Mann dagegen. Er hieß Martin Luther und war ein *Mönch* in Wittenberg. Martin Luther betonte, das Wort Gottes in der Bibel sei wichtiger als alle Traditionen. Darüber kam es zum Streit mit dem *Papst* in Rom. Luther und seine Freunde wurden aus der Kirche ausgeschlossen. Was sollten sie anderes tun, als eine neue Gemeinschaft zu gründen? Daraus entstand dann die evangelische Kirche.

Heute haben sich beide Kirchen sehr verändert; es verbindet sie aber mehr, als sie trennt. Meine Mutter ist evangelisch, mein Vater katholisch. Manch-

mal gehen wir gemeinsam in eine katholische Messe. Da ist dann alles ein bißchen feierlicher als bei uns, die Pfarrer tragen bunte Gewänder, und man kniet sich hin. Aber was aus der Bibel vorgelesen wird, ist doch das Gleiche – das Evangelium. Übersetzt heißt dieses Wort übrigens »Frohe Botschaft«.

In beiden Konfessionen werden die Kinder getauft. Man gießt Wasser über den Kopf und sagt dazu: »Ich taufe dich im Namen des Vaters und des Sohnes und des Heiligen Geistes.« Dadurch wird schon das Baby ein Mitglied der Kirche. Aber es können auch Jugendliche und Erwachsene getauft werden. Manche Christen finden es sogar besser, wenn die Täuflinge älter sind, weil Babys ja noch gar nicht den Glauben kennen, in dem sie getauft werden.

Zur Kirche gehören auf der ganzen Welt 1,5 Milliarden Menschen. In Deutschland sind es ungefähr 60 Millionen. Aber »zur Kirche gehören«, das heißt noch nicht, daß die Menschen auch so leben, wie Jesus es uns geraten und vorgelebt hat. Jesus sagte: »Liebe deinen Nächsten so, wie du dich selbst liebst.« Was du für dich tun willst, das tue auch den anderen. Was du nicht möchtest, das mute auch den anderen nicht zu. – Einige Christen meinen, christlich zu leben sei viel zu mühsam. Daher erinnern sich wohl auch viele

Ich glaube an Gott,
den Vater, den Allmächtigen,
den Schöpfer des Himmels
und der Erde,
und an Jesus Christus,
seinen eingeborenen Sohn,
unsern Herrn,
empfangen durch den Heiligen Geist,
geboren von der Jungfrau Maria,
gelitten unter Pontius Pilatus,
gekreuzigt, gestorben und begraben,
hinabgestiegen in das Reich des Todes,
am dritten Tage auferstanden
von den Toten,
aufgefahren in den Himmel;
er sitzt zur Rechten Gottes,
des allmächtigen Vaters;
von dort wird er kommen,
zu richten die Lebenden und die Toten.
Ich glaube an den Heiligen Geist,
die heilige, christliche Kirche,
Gemeinschaft der Heiligen,
Vergebung der Sünden,
Auferstehung der Toten
und das ewige Leben.
Amen.

(Das apostolische Glaubensbekenntnis stammt aus dem 2. Jahrhundert nach Christus. Katholische Christen beten: Ich glaube an die heilige, katholische Kirche.)

Wo und wann genau Jesus geboren wurde, weiß heute niemand mehr. Wichtiger ist die Botschaft: Gott ist Mensch geworden in Jesus Christus. So glauben die Christen.

O du fröhliche, o du selige,
Gnadenbringende Weihnachtszeit!
Welt ging verloren,
Christ ist geboren:
Freue dich, freue dich, o Christenheit.

(Weitverbreitetes Weihnachtslied)

nur an Weihnachten an ihren Glauben. Weihnachten ist nämlich der Geburtstag von Jesus Christus. Er wird groß gefeiert mit tollem Essen, geschmückten Häusern und vielen Geschenken, die man sich gegenseitig schenkt.

Dabei paßt das eigentlich alles gar nicht zu Weihnachten: Seine Eltern waren nämlich gerade in einer fremden Stadt, in Betlehem, als Jesus geboren wurde. Nicht in einem Krankenhaus, nicht einmal in einem normalen Haus, sondern in einem Stall kam Jesus zur Welt. Die Bibel erzählt, wie Engel zu Schafhirten auf dem Feld kamen und sagten: »Fürchtet euch nicht: Euch ist heute der Retter geboren!«

»Fürchtet euch nicht« – das gefällt mir. Denn manchmal wird mir alles zuviel, Schule und Sportverein, Klavierüben und Streit mit meinen Eltern, die Angst vor schlimmen Katastrophen. Wenn mir dann dieser Vers aus der Bibel einfällt, ist es, als ob Gott selbst mit mir spricht: »Arne, fürchte dich nicht!« Deswegen singe ich das Lied auch so gern. Wir dürfen unsere dunkle Welt ein bißchen heller machen. Jesus sagt von sich selbst: »Ich bin das Licht der Welt.«

Islam

ASIEN

TÜRKEI
• KONYA
• JERUSALEM

• MEDINA
• MEKKA

RIKA

INDISCHER

OZEAN

INDONESIEN

MEDINA

AUSTRALIEN

Das Islam

»Allahu akbar!«, das heißt: »Gott ist groß!« Der *Muezzin* in meiner Stadt ruft es fünfmal am Tag vom *Minarett*. Wenn sein Ruf ertönt, weiß ich: Es ist Zeit zum Beten. Alle, das heißt: Meine Familie, meine Freunde, die Nachbarn und ich hören dann auf zu arbeiten und zu spielen. Ich kann überall beten, wo ich gerade bin und wo es mir gefällt, also in der Wohnung oder in der Schule – man kann sogar auf dem Flughafen und in der Wüste beten. Allerdings muß der Ort rein sein. So oft es geht, beten wir in unserem Gebetshaus, der *Moschee*. Achtung: Bevor wir hineingehen, müssen wir die Schuhe ausziehen und uns gründlich waschen! Diese Reinigung hat nicht nur etwas mit Sauberkeit zu tun. Das Waschen von Gesicht, Händen und Füßen ist ein Zeichen für die innere Haltung der Reinheit, ohne die wir nicht beten können.

Das tägliche Gebet ist eine Pflicht – aber die erfüllen wir gerne. Dieses Gebet folgt einem festen Ablauf. Es ist genau vorgeschrieben, was wir sagen und was wir tun sollen. Das Gebet beginnt immer mit dem Lobpreis »Gott ist groß!« und soll uns ermahnen, tatsächlich alles für die Durchführung des *Rituals* zu unterbrechen: ein Buch zur

**Aishe aus Konya
(Türkei)**

Gott ist groß! Gott ist groß!
Gott ist groß! Gott ist groß!
Ich bezeuge, es gibt keinen Gott außer Gott.
Ich bezeuge, es gibt keinen Gott außer Gott.
Ich bezeuge, Mohammed ist der Gesandte Gottes.
Ich bezeuge, Mohammed ist der Gesandte Gottes.

Auf zum Gebet! Auf zum Gebet!
Auf zum Wohlergehen!
Auf zum Wohlergehen!
(Nur morgens: Das Gebet ist besser als
der Schlaf!)
Gott ist groß! Gott ist groß!
Es gibt keinen Gott außer Gott.

(Ruf vom Minarett)

Das tägliche Gebet gehört wesentlich zum Islam.
Es kann in der Moschee, aber auch an jedem
anderen Ort vollzogen werden. Diese Familie in
Köln betet in ihrem Wohnzimmer.

Seite legen, das Telefongespräch beenden, notfalls das Essen verschieben.
Das Gebet ist für uns so wichtig, weil wir damit *Allah* ehren und ihm zeigen, daß wir alles für ihn tun. Übrigens ist »Allah« nur das arabische Wort für »Gott« und kein eigener Name. Genau wie die Juden und Christen glauben wir *Muslime* an den Einen und allmächtigen Gott. Er hat die Welt erschaffen und ist barmherzig zu allen Menschen. Er möchte, daß wir nach seinem Willen leben. Am Ende meines Lebens wird er prüfen, ob ich nach seinen Geboten gelebt habe.
Zu vielen Gelegenheiten bete ich mehrmals am Tag die »*Fatiha*«. Das ist ein Lob- und Bittgebet. Sie ist das erste Kapitel (die erste *Sure*) des *Koran* und heißt deswegen die »Eröffnerin«. Ihr erster Satz heißt »Im Namen des

barmherzigen und gnädigen Gottes«
und steht, bis auf eine Ausnahme, vor
jedem Kapitel des Koran.

Der Koran ist unser heiliges Buch.
Nach unserem Glauben war der Koran
bereits bei Gott, als noch nicht einmal die Erde erschaffen war. Damit
der Inhalt des Koran an mich und
alle anderen Gläubigen weitergegeben
werden konnte, offenbarte Gott seine
Weisungen in kleinen Abschnitten
einem Mann aus dem Volk: *Mohammed aus Mekka.* Der wurde vor
langer Zeit, im Jahr 570, im heutigen
Saudi-Arabien geboren. Als er 40 Jahre alt war, machte Gott ihn zu seinem

*Im Namen des barmherzigen und
gnädigen Gottes!*
Lob sei Gott, dem Herrn der Welten,
dem Barmherzigen und Gnädigen,
der am Tag des Gerichts regiert!
Dir dienen wir,
und dich bitten wir um Hilfe.
Führe uns den geraden Weg,
den Weg derer,
denen du Gnade erwiesen hast,
nicht den Weg derer,
die deinem Zorn verfallen sind und
irregehen.

(Die Fatiha)

Muslime dürfen Gott nicht malen. Muslimische
Künstler beherrschen die Kunst der Verzierung.
Hier ein Ornament in einer Moschee in Nordafrika.

*Die Offenbarung des Korans in der
Nacht der Herrlichkeit*
*Siehe, WIR ließen IHN niedersteigen zur
herrlichen Nacht.*
*Kannst du dir ausdenken, was diese
herrliche Nacht?*
*Diese herrliche Nacht ist besser als
tausend Monde.*

Zwei Muslime beim Gebet: Die Perlenketten in ihren Händen enthalten 99 Perlen. Man läßt sie durch die Finger gleiten und erinnert sich an die 99 Namen Gottes: der Gerechte, der Große, der Weise, der Starke, der Barmherzige ...

Da stiegen die Engel herab und der Geist
auf ihres Herrn Geheiß mit der Ganzheit des Wortes.
Heilbringend war sie bis zum Aufstieg des Morgenrots.

(Sure 97)

Propheten: Gott sprach zu ihm. Und Mohammed erzählte das seinen Freunden. Er selbst konnte vermutlich weder lesen noch schreiben. Alles, was Gott ihm gesagt hat, wurde auswendig gelernt. Aufgeschrieben wurde der Koran erst, nachdem Mohammed schon gestorben war. Und weil er in Arabien lebte, sprach er natürlich arabisch. So wurde der Koran später auch auf arabisch aufgeschrieben. Alle Muslime auf der ganzen Welt müssen daher Arabisch lernen. Mir fällt das nicht gerade leicht: Diese Sprache hat sogar eine andere Schrift als Türkisch. Aber ich lerne jeden Tag eine halbe Stunde und kann schon ein paar Verse auswendig. Natürlich habe ich auch eine türkische Übersetzung, aber ich möchte ja den richtigen Koran verstehen können.

Mohammed erzählte damals die Weisungen den Bewohnern seiner Heimatstadt Mekka. Damit schuf er sich viele Feinde. Denn bis dahin glaubten die Leute dort an viele verschiedene Götter. Es gab sogar Götzenbilder aus Stein und Holz oder Metall. Und plötzlich sollte es nur noch den Einen Gott geben? Ich kann mir vorstellen, daß es nicht leicht für Mohammed war, so ganz allein mit seinem Wissen über Allah dazustehen. Aber mit der Zeit gesellten sich immer mehr Leute zu ihm, die aufmerksam auf das hörten, was er zu sagen hatte.

Mohammed ist unser großes Vorbild. Er war der Prophet Gottes. Zwar wissen wir, Gott hat mehrere Propheten zu den Menschen geschickt. *Moses* zum Beispiel und auch Jesus. Aber Mohammed war der letzte Prophet, deswegen nennen die Muslime ihn auch »das Siegel der Propheten«.

Mein Onkel Mustafa lebt bei Euch in Deutschland. Dort gibt es ja auch mehr als zwei Millionen Muslime! Er erzählt, die Christen würden uns manchmal »Mohammedaner« nennen. Was für ein komisches Wort! Und es stimmt gar nicht. Christen glauben an Jesus Christus. Aber wir geben uns doch nicht dem Propheten hin, sondern allein Allah. Wir heißen

Wer von euch im Monat Ramadan anwesend ist, der soll in ihm fasten. Und wer krank ist oder sich auf einer Reise befindet, für den gilt eine Anzahl anderer Tage. Gott will für euch Erleichterung. Er will für euch nicht Erschwernis, und daß ihr die Zahl der Tage vollendet und Gott dafür hochpreiset, daß er euch recht geleitet hat, und daß ihr dankbar werdet. Wenn dich meine Diener nach Mir fragen, so bin Ich nahe, und Ich erhöre den Ruf des Rufenden, wenn er Mich anruft.

Am Freitagnachmittag versammeln sich vor allem die Männer zum Gebet in der Moschee. Diesem Jungen aus China erklärt sein Vater, wie er sich in der Moschee zu verhalten hat.

Sie sollen nun auf Mich hören, und sie sollen an Mich glauben, auf daß sie einen rechten Wandel zeigen.
Und eßt und trinkt, bis ihr in der Morgendämmerung den weißen Faden vom schwarzen Faden unterscheiden könnt. Und danach vollzieht das Fasten bis zur Nacht.

(Aus der 2. Sure des Koran)

In der neuen Moschee in Gelsenkirchen kommen auch die Frauen regelmäßig zusammen.

O ihr Gläubigen, glaubet an Allah und Seinen Gesandten und an das Buch, das Er Seinem Gesandten offenbart hat, und an die Schrift, die Er zuvor offenbarte. Und wer nicht an Allah und Seine Engel und Seine Bücher und Seine Gesandten und an den Jüngsten Tag glaubt, der ist wahrlich weit irregegangen.

(Sure 4, 136)

Muslime – das sind die, die sich Gott hingeben.

Das kürzeste und wichtigste Zeugnis unseres Glaubens ist die *Shahada:* »Ich bezeuge, es gibt keine Gottheit außer Gott, und Mohammed ist sein Diener und Gesandter.« Diesen Satz hat mir mein Vater gleich nach meiner Geburt ins Ohr geflüstert. Er begleitet mich durch mein ganzes Leben. Ich spreche ihn jeden Tag. Er wurde gesprochen, als meine Brüder mit sieben Jahren *beschnitten* wurden. Die Shahada beten wir auch bei einer Hochzeit. Zu ganz vielen Gelegenheiten spreche ich sie selbst, und bevor ich einst sterbe, wird sie mir noch einmal vorgesprochen.

71

Mein Glaube an Gott wird von *fünf Säulen* getragen. Gott selbst hat dem Propheten gesagt, was für uns wichtig ist: Die erste Säule ist die Shahada, von der ich gerade gesprochen habe. Die zweite ist das rituelle Pflichtgebet, das wir fünfmal am Tag verrichten. Die dritte Säule ist das Fasten im *Ramadan.* »Ramadan«, so heißt ein Monat unseres Kalenders. Wir fasten dann von Morgengrauen bis Sonnenuntergang. Wir dürfen nichts essen und nichts trinken, solange die Sonne

Istanbul in der Türkei: Diese große Moschee war ursprünglich eine christliche Kirche und ist heute ein Museum. Die Minarette werden allerdings noch benutzt, um die Gläubigen zum Gebet zu rufen.

O Gott, setze Licht in mein Herz und Licht in meine Seele, Licht auf meine Zunge, Licht in meine Augen und Licht in meine Ohren, setze Licht zu meiner Rechten, Licht zu meiner Linken, Licht hinter mir und Licht vor mir, Licht über mir und Licht unter mir, setze Licht in meine Nerven und Licht in mein Fleisch, Licht in mein Blut, Licht in mein Haar und Licht in meine Haut.
Gib mir Licht, stärke mein Licht, mach mich zu Licht!

(Muslimisches Gebet)

leuchtet! Na ja, ich muß das noch nicht unbedingt so streng einhalten, weil ich noch ein Kind bin. Aber zumindest lasse ich manche Schleckereien zwischendurch aus. Die vierte Säule ist die Abgabe für die Armen. Meine Eltern spenden den armen Leuten Geld, und ich gebe auch ein bißchen vom meinem Taschengeld ab. Und vielleicht fahren wir alle zusammen einmal zur heiligen Stadt nach Mekka. Dort möchte ich beten, in der Stadt, in der der Prophet früher lebte. Dieses Erlebnis würde ich ganz bestimmt niemals vergessen. Eine solche *Pilgerreise* nach Mekka ist die fünfte Säule: Wer

Mohammed ist für die Muslime kein Gott, aber als Prophet sehr wichtig. Sein Beispiel gilt in allen Lebensbereichen.

es sich erlauben kann, soll unbedingt hinfahren. Wer aber zu arm ist oder wegen Krankheit nicht fahren kann, ist von dieser Pflicht befreit. Wenn ich auch wohl so bald nicht dorthin komme, so spreche ich doch die Gebete in Richtung Mekka. Zum Beispiel freitags. Dann geht meine Familie gemeinsam zum *Mittagsgebet* in die *Moschee*. Aber vormittags muß ich noch zur Schule. Auch die Geschäfte haben geöffnet. In der Türkei ist sonntags alles geschlossen, wie bei Euch in Deutschland auch.

Außerdem haben wir noch ein paar schöne Feste im Jahr. Es gibt zwei Höhepunkte: das *Zuckerfest* und das *Opferfest.* Das Zuckerfest feiern wir am Ende des Ramadan, wenn man nach dem Fastenmonat wieder bei Tageslicht essen und trinken darf. Nachdem wir morgens in die Moschee gegangen sind, gibt es zu Hause ein tolles Essen, für das meine Mutter tagelang gekocht hat. Wir schenken uns gegenseitig süße Mandeln oder gezuckerte Früchte, und die Familien besuchen einander.

Das andere Fest, das Opferfest, soll uns an die wundersame Errettung *Ismaels* erinnern. Gott wollte *Ibrahim* auf die Probe stellen, um seinen Gehorsam zu prüfen. Ibrahim sollte seinen Sohn Ismael als Opfergabe töten. Ibrahim bekam diesen Auftrag während der Nacht im Traum. Er sag-

Die Stadt Mekka in Saudi-Arabien ist der Mittelpunkt des Islam. Der Prophet Mohammed wurde dort geboren. Die Kaaba ist ein Heiligtum, das nach muslimischem Glauben bereits Ibrahim errichtet hat.

Dieses Mädchen lernt, den Koran auf arabisch zu lesen.

te das seinem Sohn. Ismael antwortete seinem Vater: »Mein Vater, tue das, was du tun mußt. Ich werde, so Gott will, geduldig sein.« Aber im letzten Augenblick hielt Gott Ibrahim zurück, der Ismael schon hingestreckt hatte. Gott erkannte die Demut Ibrahims; statt des Jungen schlachtete Ibrahim dann ein Tier. Deshalb schlachten auch wir zu diesem Anlaß ein Tier. Bei uns tun sich immer die Nachbarn zusammen, und dann teilen wir uns ein ganzes Schaf. Am diesjährigen Festtag findet also wieder ein großes Familientreffen mit reichlich gutem Essen statt. Die schönsten Feste feiern *Muslime* auf der ganzen Welt. Der *Islam* ist ja an kein Land gebunden. Mein Onkel in Deutschland hat wohl erzählt, daß man dort den Glauben etwas anders lebt als hier in der Türkei. Im Islam gibt es auch verschiedene Gruppen: *Sunniten* und *Schiiten.* Sie unterscheiden sich in der Frage, wer nach Mohammeds Tod sein Nachfolger geworden ist. Und natürlich sind bei uns manche eifriger als andere; also, ich gebe mir mehr Mühe beim Arabischlernen als mein Bruder Ali!

Egal, wir gehören alle zur »umma«, zur großen Gemeinschaft aller Muslime. Ich bemühe mich, eine treue Muslima zu sein, an der Gott seine Freude hat.

Afrikanische Religionen

Eine afrikanische Religion

Ich heiße Kofi. Das heißt: freitags geboren. Ich gehöre zum Stamm der *Bassar*. Ich möchte Euch erzählen, wie es sein wird, wenn wir die Trauerfeierlichkeiten für meinen Großvater Gbati abhalten. Dafür bekomme ich drei Tage schulfrei!

Großvater Gbati ist schon vor zwei Jahren gestorben. Er wurde noch am gleichen Tag beerdigt. Seit ein paar Wochen laufen jetzt schon die Vorbereitungen für das Trauerfest. Meine Familie mußte den ganzen Hof aufräumen und den Boden mit neuem Lehm belegen. Ich habe mit meinen Freunden Gras für das Dach gesammelt, und mein Vater hat endlich das Dach der Hütte damit repariert. Im Nachbarort kauften wir eine Kuh. Die war sehr teuer! Die Frauen haben schon vor einer Woche angefangen, das Hirsebier zuzubereiten. Es gibt so viel zu tun: Schließlich erwarten wir über hundert Gäste! Alle Verwandten kommen, manche aus der Stadt oder sogar aus dem Ausland. Ich freue mich sehr, meine Tanten und Onkel wiederzusehen. Sie bringen auch immer ein Geschenk mit, wenn sie kommen. Vielleicht Bonbons oder etwas Geld.

Am Abend versammeln sich die Frauen im Hof. Sie singen Trauerlieder und

Kofi aus Bassar, Togo

Gott! Mach', daß wir ruhig in dieser Hütte schlafen und uns einander bei Tagesanbruch in Frieden wiedersehen.

(Ein Abendgebet)

Möge Gott das Kind
zu einem von uns machen.
Möge Gott aus ihm
ein großes Kind machen.

(Gebet für ein neugeborenes Kind)

Eine Trauerfeier bei den Bassar ist ein großes Fest,
weil ein Verwandter zu den Ahnen gegangen ist. Sie
findet erst zwei Jahre nach dem Tod statt.

schlagen dazu auf den *Kalebassen* den
Rhythmus. Einige Frauen tanzen. Ein
Bote wird ins Dorf geschickt, um die
Trauerfeierlichkeiten anzukündigen.
Am nächsten Morgen bauen wir aus
Bambus und Schnur, die aus Gras ge-
dreht wurde, eine Trage – nach einer
ganz bestimmten Vorschrift. Das dau-
ert ein paar Stunden. Darauf legen wir
eine kleine Figur, die aus Stein ge-
macht wurde. Sie stellt Großvater
Gbati dar. Wenn alles fertig ist, be-
ginnt der Umzug durchs Dorf. Die
Frauen schreien ihre Trauer heraus.
Und meine Schwester Amina darf mit
einer geschmückten Kalebasse auf dem
Kopf vorangehen! Schließlich wird die
Puppe neben dem Grab begraben.
Wenn der Zug zurückkommt, folgt
der wichtigste Teil: Wir versuchen her-

auszufinden, woran Großvater gestorben ist. Die ältesten Männer der Familie legen mit Holzstöcken Muster auf den Boden. Zwei Wahrsager deuten die Muster dann und finden die Ursache von Großvaters Tod heraus.

Wenn das vorbei ist, beginnt das große Fest. Wir feiern die ganze Nacht hindurch, bis zum nächsten Tag. Die Leute freuen sich, es wird getrommelt und getanzt. Die Kuh wird geschlachtet und gegrillt. Es gibt Fleisch und Reis. Das ist prima, denn sonst essen wir immer nur Hirse, Mais und *Yams*.

Yams essen wir fast jeden Tag. Das sind

Ein großes Fest findet in afrikanischen Religionen statt, wenn junge Männer in die Gruppe der Erwachsenen aufgenommen werden. Oft liegen davor schwere Prüfungen und schmerzhafte Mutproben.

O Gott, unser Vater, wenn du herauskommst, hast du dich über unsere Köpfe gestreckt. Du kommst aus der Gegend von oben, du kommst herunter in die untere Gegend. Wir wissen nicht, wo du herauskommst. Wir kennen nur unsere Urahnen gut. Sie bringen unsere Gaben zu dir.

Unsere Ahnen: Heute sind wir gekommen und haben uns hier hingehockt unter euch. Damals waren es unsere Väter, die sich hier hingehockt haben, und deswegen machen wir das immer noch so. Wir grüßen euch. Ihr werdet dieses Opfer nehmen, und ihr werdet damit bei unserem Gott ankommen, und ihr werdet mit ihm reden.

Unsere Ahnen, wir sind gekommen. Wir haben uns unter eure Altäre gehockt. Wir haben unsere Leiden genommen und in eure Hände gelegt. Ihr habt für uns gesprochen, damit Gott uns von unseren Schmerzen befreit.

(Gebet, das beim Opfer für die Ahnen gesprochen wird)

Knollen, die in der Erde wachsen. Es war einmal eine Frau aus Europa bei uns im Dorf, die sagte, Yams sei so ähnlich wie eine Knolle, die man Kartoffel nennt. Wenn im September die neue Yamsernte eingebracht wird, feiern wir das Yamsfest. Die ganze Familie kommt zusammen. Mein Vater schlachtet eine Ziege. Wir ehren die *Ahnen:* Wir danken für die neue Ernte und bitten um Segen für das Leben.

Wenn wir beim nächsten Yamsfest die Ahnen ehren, werden wir auch Großvater Gbatis Namen nennen. Auch er gehört jetzt zu den Ahnen. Ahnen sind alle Menschen, die vor uns gelebt und eine Familie hinterlassen haben. Wenn wir ihnen Opfer bringen, versammeln wir uns am Ahnenaltar im Innenhof des Hauses. Zur Begrüßung schüttet

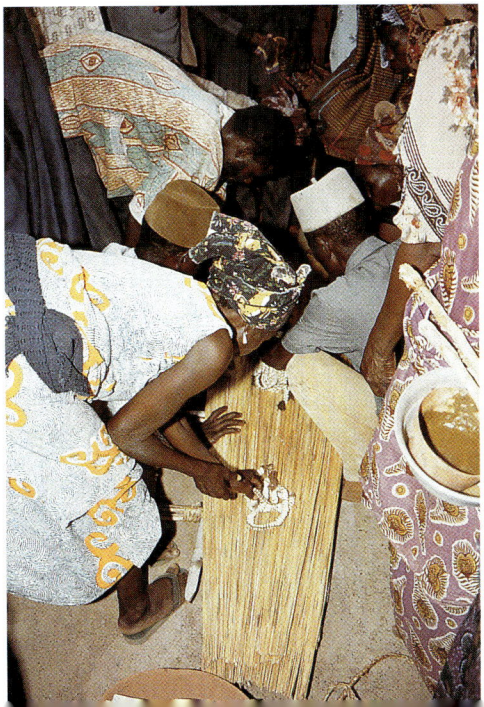

Hier wird die Trage nach einer genauen Vorschrift gebaut, auf der später die Figur des verstorbenen Großvaters durchs Dorf getragen wird.

Bild links: An der Prozession zum Grab nehmen alle teil.

Bild rechte Seite unten: Beim Yamsfest im September wird für die gute Ernte gedankt.

man Wasser auf die Erde. Dann beten wir. Wir opfern ein Tier, und das Blut des Tieres wird auf den Altar gegossen. Gemeinsam essen wir das gebratene Fleisch.

Ich esse gerne Fleisch, aber wir haben nur selten welches. Manchmal finde ich kleine Wildtiere im Feld. Das macht Freude. Aber ich muß aufpassen, denn ich darf nicht unser *Totemtier* töten. Unser Totem ist die Pythonschlange. Eine Geschichte erklärt uns, warum wir die Python niemals töten dürfen. Andere Dörfer haben andere Totems; manche haben das Krokodil, andere das Perlhuhn.

Wir ehren die Natur, denn sie ist le-

Eine Frau war mit ihrem Baby auf dem Feld. Die Mutter hatte das Kind mit einem Tuch auf dem Rücken festgebunden. Sie hatte auch einen Topf dabei. Sie suchte Wasser, fand aber keines. Endlich sah sie in der Nähe einen kleinen Fluß. Das Baby war eingeschlafen. So nahm sie das Kind ab und legte es unter einen Baum ins Gras.

Als die Mutter weggegangen war, um das Wasser zu holen, wachte das Kind auf und weinte. Das hörte eine Pythonschlange. Sie kroch zu dem Baby und steckte ihm ihr Schwanzende in den Mund. Das Baby dachte, das sei die Brust der Mutter, und beruhigte sich. Da kam die Mutter mit dem Topf voller Wasser zurück. Als sie die Schlange mit dem Kind sah, war sie sehr überrascht. In ihrer Angst holte sie andere Leute herbei. Die beruhigten sie: »Die Schlange ist nicht böse.«

Da nahm die Mutter ihr Kind an sich und ging zurück ins Dorf. Dort erzählte sie, was vorgefallen war. Und alle Bewohner des Dorfes beschlossen: »Die Python soll unser Totem sein. Niemand darf sie töten.«

(Die Geschichte, wie die Bassar zu ihrem Totem kamen, wird in Kofis Dorf immer wieder mündlich weitererzählt: von den Eltern an die Kinder, von denen wieder an ihre Kinder … Wie alt sie ist, kann niemand sagen.)

bendig. Außer der Welt, die wir sehen können, gibt es die unsichtbare Welt. In ihr, so erzählt unsere Tradition, leben auch kleine Wesen, die immer zu zweit kommen. Wenn sie sich unter den Menschen einen Freund auswählen, helfen sie ihm, wenn er Gutes tut, oder bestrafen ihn, wenn er Böses tut.

Unsichtbar ist auch Gott. Wir nennen ihn *Unimboti*. Unimboti ist weit weg. Aber er ist viel größer als der Häuptling. Er ist der Urheber des Lebens.

Fremdwörter

Abendmahl: Christen erinnern sich bei ihren Gottesdiensten häufig an das letzte Mahl, das Jesus am Abend vor seinem Tod mit seinen Freunden gehalten hat. Wie im Neuen Testament aufgetragen, essen sie dann Brot und trinken Wein.

Abraham: Ahnherr Israels. Er gilt als der erste, der allein auf den Einen Gott vertraute – inmitten einer Umgebung, wo viele verschiedene Götter verehrt wurden.

Achtfacher Pfad: acht buddhistische Lebensregeln, die helfen sollen, das Leiden zu überwinden.

Adonaj: das hebräische Wort für »Herr«; die Juden sprechen aus Ehrfurcht den Namen Gottes nicht aus und sagen statt dessen das Wort »Adonaj«.

Ahnen: Menschen, die vor den jetzt Lebenden gelebt haben und Nachkommen zeugten. Wer als Kind gestorben ist, kann also nicht in die Reihe der Ahnen aufgenommen werden.

Allah: das arabische Wort für »Gott«; »Allah« ist also kein eigener Name.

Allerheiligstes des Tempels: Der jüdische Tempel stand in Jerusalem, bis er im Jahre 70 von den Römern zerstört wurde. Nach jüdischem Glauben war im Allerheiligsten des Tempels Gott selbst anwesend.

Apostel: Freunde von Jesus, die von ihm beauftragt wurden, seine Botschaft an die anderen Menschen weiterzugeben.

Askese: freiwilliger Verzicht auf Genüsse (z. B. Nahrung, Musik, Schlaf, Zärtlichkeit, …). Askese kann für eine bestimmte Zeit oder lebenslang geübt werden.

Bar-Mizwa: das hebräische Wort für »Sohn des Gesetzes«. Ein jüdischer Junge wird am Sabbat nach seinem 13. Geburtstag aus religiöser Sicht erwachsen, nimmt also alle Rechte und Pflichten eines Juden auf sich.

Bat-Mizwa: das hebräische Wort für ›Tochter des Gesetzes«. Ein jüdisches Mädchen wird am Sabbat nach ihrem 12. Geburtstag aus religiöser Sicht erwachsen, nimmt also alle Rechte und Pflichten einer Jüdin auf sich.

Beschneidung: Entfernung der Vorhaut des Penis. Juden und Muslime, aber auch andere Völker und Religionen, praktizieren die Beschneidung.

Betlehem: Stadt in Israel. Dem Neuen Testament nach wurde Jesus in Betlehem geboren.

Bhagavadgita: heilige Schrift im Hinduismus.

Brahma: höchster indischer Gott, der allerdings weniger verehrt wird als Vishnu oder Shiva.

Buddha: heißt übersetzt »der Erleuchtete, der Erwachte«. Siddhartha Gautama erhielt diesen Ehrentitel als erster.

Chanukka: das jüdische Lichterfest. Es wird im Dezember gefeiert und erinnert an die Wiedereinweihung des Tempels in Jerusalem im Jahre 165 vor Christus, nachdem dieser zuvor von Feinden entheiligt worden war.

Christen: Anhänger des Jesus Christus; jene Menschen, die an Jesus Christus glauben und ihn als den Sohn Gottes verehren.

Christus: griechisch für »der Gesalbte«. Ein Ehrentitel, den die Christen Jesus von Nazaret verliehen haben. In alter Zeit wurden Priester und Könige gesalbt.

Dharma: indische Bezeichnung für »das, woran man sich zu halten hat«: die Religion, das Gesetz.

Divali: hinduistisches Lichterfest im Oktober.

Elia: israelitischer Prophet, der im 9. Jahrhundert vor Christus lebte und den Glauben an den Einen Gott predigte.

evangelisch: Eigentlich bedeutet »evangelisch« so viel wie »nach dem Evangelium«. Das Wort wird aber meistens im Sinne einer Kirchenzugehörigkeit verwendet: Evangelisch ist, wer oder was mit der evangelischen Kirche zu tun hat, die Martin Luther im 16. Jahrhundert ins Leben rief.

Evangelium: griechisch für »Frohe Botschaft«. Was Jesus über Gott predigte, war eine frohmachende Botschaft. Der Begriff steht aber auch für vier verschiedene Berichte über das Leben Jesu, die im Neuen Testament stehen. Es gibt die Evangelien nach Markus, Mattäus, Lukas und Johannes.

Fatiha: arabisch für »die Eröffnende«; die erste Sure des Koran wird so genannt.

Fünf Säulen: Die Religion des Islam wird von fünf Säulen getragen, die ein Muslim einhalten soll: 1. die Shahada, 2. das regelmäßige rituelle Pflichtgebet, 3. eine Abgabe für notleidende Menschen, 4. das Fasten im Monat Ramadan, 5. eine Wallfahrt nach Mekka.

Ganges: ein Fluß in Indien. Im Ganges zu baden, gilt den Hindus als religiöse Zeremonie.

Gesalbter: In frühen Zeiten wurden Propheten, Priester und Könige gesalbt als Zeichen der Würde. »Der Gesalbte« ist ein Ehrenname für den Messias und die Übersetzung des griechischen Wortes »Christus«.

Gesetz: In der jüdischen Religion gibt es eine Reihe von Vorschriften, was die Juden tun und lassen sollen; diese Sammlung von Geboten und Verboten wird kurz auch »das Gesetz« genannt. Das Gesetz zu beachten, wird im Judentum nicht als Last, sondern als eine Freude betrachtet.

Großes Fahrzeug: buddhistische Glaubensrichtung, wonach alle Menschen das Nirvana erreichen können, die sich an die Grundregeln des guten Verhaltens halten.

Haggada: Die Feier am Vorabend des jüdischen Pessachfestes, der »Sederabend«, wird nach einem bestimmten Ritus gehalten. Er ist aufgeschrieben in einem Buch, in dem genau steht, was man vorlesen, sprechen und machen soll, der »Haggada«. Das Wort ist hebräisch und heißt »Erzählung«. Gemeint ist die Erzählung vom Auszug der Israeliten aus Ägypten.

Heilige Pfeife: wichtigstes Glaubenszeichen bei den Lakota-Indianern. Die Heilige Pfeife wird zu allen wichtigen Anlässen geraucht.

Heilige Schriften: Wichtige Geschichten, die zum Beispiel von der Erschaffung der Welt oder vom Willen Gottes erzählen, sind oft in Büchern aufgeschrieben, die von den Gläubigen als »Heilige Schriften« verehrt werden. Dazu gehören die Veden, die Bhagavadgita, die Bibel, die Evangelien, der Koran und andere.

Heiliger Geist: Christen sagen zur Wirkkraft Gottes »Heiliger Geist«.

Hindu: ein Anhänger des Hinduismus.

Hohepriester: Als der jüdische Tempel noch stand, war der Hohepriester der höchste Richter des Judentums.

Holi-Fest: indisches Frühlingsfest, bei dem die Kastenunterschiede kurzzeitig aufgehoben sind.

Ibrahim: das arabische Wort für Abraham. Weitere Erklärung siehe bei »Abraham«.

Indianer: Als Kolumbus Amerika erreichte, meinte er irrtümlich, er sei in Indien angekommen. »Indianer« sind also die Ureinwohner Amerikas.

Isaak: Sohn Abrahams und seiner Frau Sara. Die Bibel erzählt, Gott forderte Abraham auf, seinen Sohn Isaak zu opfern, um seinen Gehorsam zu prüfen.

Ismael: Sohn Ibrahims und seiner Magd Hagar. Der Koran erzählt, Gott forderte Ibrahim auf, seinen Sohn Ismael zu opfern, um seinen Gehorsam zu prüfen.

Jakob: gilt im Judentum als Stammvater Israels.

Jom Kippur: höchster jüdischer Feiertag, das Versöhnungsfest, an dem Gott alle Sünden vergibt.

Kaddisch: ein großes Lobgebet, das die Juden bei einer Beerdigung sprechen.

Kalebasse: ein Gefäß mit langem Hals, das aus einem Kürbis hergestellt wird.

Karfreitag: jährlicher Feiertag zwei Tage vor Ostern, an dem sich die Christen an das Leiden und den Tod von Jesus Christus erinnern.

Karma: hinduistische und buddhistische Vorstellung, daß gute Taten glückliche Verhältnisse in einer zukünftigen Existenz schaffen, schlechte Taten aber eine schlechte Wiedergeburt.

Kaste: Die traditionelle indische Gesellschaft ist in vier »Kasten« unterteilt: Priester, Krieger, Kaufleute und Bauern. Viele Menschen gehören aber keiner dieser Kasten an und stehen am unteren Ende der Gesellschaft. Im modernen Indien sind die Kasten eigentlich abgeschafft, vor dem Gesetz sind alle gleich.

katholisch: Eigentlich bedeutet katholisch »allumfassend«. Das Wort wird aber meistens im Sinne einer Kirchenzugehörigkeit verwendet: Katholisch ist, wer oder was mit der katholischen Kirche zu tun hat.

Kirche: griechisches Wort mit der Bedeutung »zum Herrn gehörend«. Im Christentum hat das Wort verschiedene Bedeutungen: Die Gebäude, in denen Christen ihre Gottesdienste feiern, werden »Kirche« genannt. Aber auch die Gemeinschaft aller Christen heißt Kirche, ebenso einzelne Gruppen (z. B. katholische oder evangelische Kirche).

Kislev: Monat des hebräischen Kalenders.

Kleines Fahrzeug: buddhistische Glaubensrichtung, die die Lehre Buddhas sehr streng auslegt. Danach können eigentlich nur Mönche und Nonnen das Nirvana erreichen.

Kolumbus: Christoph Columbus war ein italienischer Seefahrer in spanischen Diensten, der von 1451 bis 1506 lebte. Auf seinen Schiffsreisen kam er bis nach Amerika, das er irrtümlich für Indien hielt.

Konfirmation: persönliches Fest in der evangelischen Kirche, bei dem ein Jugendlicher religiös erwachsen wird, also alle Rechte und Pflichten erwirbt. Die Konfirmation ist eine Bestätigung der Taufe.

Koran: heiliges Buch im Islam.

Krischna: indischer Gott, der eine Verkörperung des Gottes Vishnu ist.

Lakota: Teil des Indianerstammes der Sioux in Nordamerika.

Lakshmi: hinduistische Göttin des Glücks und der Schönheit, die Frau des Gottes Vishnu.

Laubhüttenfest: jüdisches Fest im Herbst; auf hebräisch »Sukkot« genannt.

Mahatma Gandhi: heißt übersetzt »die große Seele«. Ehrentitel für den indischen Politiker Mohandas Karamchand, der mit absoluter Gewaltlosigkeit sein Land von der britischen Besatzung befreite. 1948 wurde er ermordet.

Mantra: Sprüche, die im Hinduismus und Buddhismus zitiert werden und so Ruhe und Konzentration verschaffen.

Matzen: flache Brote aus Weizenmehl und Wasser, ohne Sauerteig oder Hefe gebacken. Matzen werden während des jüdischen Pessachfestes gegessen.

meditieren: ruhiges Nachdenken, sich besinnen, auf einen Gedanken oder ein Bild konzentrieren. (Hauptwort: Meditation.)

Mekka: heilige Stadt der Muslime, Heimatstadt Mohammeds.

Messias: im jüdischen Glauben der König des Gottesreiches auf Erden. Juden erwarten den Messias. Christen sagen, Jesus von Nazaret sei dieser erwartete Messias gewesen. Das hebräische Wort »Messias« heißt »der Gesalbte«.

Minarett: der Turm einer Moschee, von dem aus der Muezzin zum Gebet ruft.

Mohammed: der Prophet der Muslime.

Moksha: indischer Begriff für die Erlösung aus dem Zwang, dem Kreislauf der Wiedergeburt nicht entrinnen zu können.

Mönch: Mönche verzichten für eine bestimmte Zeit oder lebenslang auf Ehe und Familie, auf Besitz und Genüsse, um sich ganz ihrem religiösen Ziel widmen zu können. Mönchtum gibt es im Hinduismus, Buddhismus und Christentum, auch im Islam. Es gibt auch Frauen, die diesen Weg gehen; sie werden »Nonnen« genannt.

Moschee: arabisches Wort für »Ort, wo man sich niederwirft«; das Haus, in dem sich die muslimische Gemeinde zum rituellen Pflichtgebet und Koranstudium versammelt.

Mose: Er führte die Israeliten vor etwa 2300 Jahren aus der Knechtschaft in Ägypten durch die Wüste in die Freiheit. Auf dem Berg Sinai hat er, nach jüdischem Glauben, von Gott die Zehn Gebote erhalten.

Muezzin: Der Muezzin ruft die Muslime vom Minarett herab zum Gebet.

Muslim: Anhänger des Islam. Wörtlich bedeutet das arabische Wort etwa: »derjenige, der sich hingibt«.

Mythos: Geschichten, die bestimmte Dinge erklären helfen und auf Gott oder die Götter zurückführen. Beispiel: die Erzählung von der Erschaffung der Welt am Anfang der Bibel. Wir wissen heute, daß die Entstehung der Erde nicht sechs Tage, sondern einige Milliarden Jahre gedauert hat. Diese Erzählung ist ein Mythos; sie will nicht naturwissenschaftlich erklären, sondern ihre Aussage ist: Gott hat die Welt gemacht.

Neues Testament: der zweite Teil der Bibel, der von Jesus und der jungen Kirche berichtet.

Neujahrstag: in allen Religionen ein besonderer Feiertag. Der Beginn eines neuen Jahres bedeutet neue Chancen. Allerdings ist die Zählweise unterschiedlich, nicht alle rechnen ihr Jahr ab dem 1. Januar: Bei manchen Völkern beginnt das Jahr im Frühling, bei anderen im Herbst, bei wieder anderen zu wechselnden Zeitpunkten, da die Monate nach dem Mond und nicht nach der Sonne berechnet werden.

Nirvana: die vollkommene Auslöschung des Lebens, der Ausstieg aus dem Kreislauf der Wiedergeburten. Ziel der hinduistischen und buddhistischen Religion.

Om: heilige Silbe der Hindus. Sie bedeutet »Leben«, wird »a-u-m« ausgesprochen und dient der Meditation.

Opferfest: Fest, an dem sich die Muslime an den Glauben und die Hingabe von Ibrahim und Ismael erinnern.

Orden: Gemeinschaften, in denen Mönche oder Nonnen nach bestimmten Regeln zusammenleben.

Ostern: christliches Fest im Frühling, an dem die Christen die Auferstehung Jesu aus dem Tod feiern.

Papst: der oberste Priester der katholischen Kirche; er hat seinen Sitz in Rom.

Pessach: jüdisches Fest, das an die Befreiung aus der Knechtschaft in Ägypten erinnert.

Pfarrer/Pfarrerin: Leiter einer christlichen Gemeinde.

Pilger: Pilger machen sich auf den Weg zu einem Ort, wo die Anwesenheit Gottes oder der Götter besonders spürbar ist: Das können Tempel oder Kirchen sein, Buddhastatuen, der Fluß Ganges, besonders weise Lehrer, heilige Plätze und vieles mehr.

Priester: In manchen Religionen gibt es Priester als Mittler zwischen Gott und den Menschen.

Prophet, Propheten: von Gott beauftragte Verkünder des Glaubens.

Puja: Andachten, die im Hinduismus oder Buddhismus gehalten werden.

Rad der Lehre: Nach buddhistischer Vorstellung hat Buddha den Menschen aller Zeiten eine Lehre gebracht, die ihnen hilft, besser zu leben. Er hat dieses »Rad« in Bewegung gesetzt, das sich heute noch dreht.

Ramadan: Monat des muslimischen Jahres, in dem die Muslime von Sonnenaufgang bis Sonnenuntergang nichts essen und trinken.

Reservate: Gebiete, in die die Ureinwohner Amerikas (»Indianer«) abgedrängt wurden, in denen sie aber nach ihrer traditionellen Weise leben können.

Rig Veda: alte, heilige Schrift im Hinduismus.

Ritus, Ritual: Handlungen, die nach einer bestimmten Vorschrift vollzogen werden und so auch immer gleich wiederholt werden können. Beispiele: die christliche Taufe oder das tägliche muslimische Gebet. (Mehrzahl: Riten, Rituale; Eigenschaftswort: rituell.)

Sabbat: der siebte Tag der Woche (Samstag). Jüdischer Wochenfeiertag. Nach der Geschichte über die Schöpfung der Welt, die am Beginn der Bibel steht, ruhte sich Gott am siebten Tag von seiner Arbeit aus.

Salomo: König von Israel und Juda (ca. 965–926 v. Chr.).

Samsara: Hindus und Buddhisten glauben, daß ein Mensch nach dem Tod in ein anderes Leben hineingeboren wird; die Abfolge mehrerer Leben nennt man samsara.

Sanatana dharma: hinduistischer Begriff für »ewige Ordnung« oder »ewige Lehre«.

Schiiten: muslimische Glaubensrichtung.

Sederabend: der Abend vor dem jüdischen Pessachfest, an dem sich die Gläubigen an den Auszug der Israeliten aus Ägypten erinnern.

Shahada: das muslimische Glaubenszeugnis: »Ich bezeuge, es gibt keine Gottheit außer Gott, und Mohammed ist der Gesandte Gottes.«

Shiva: hinduistischer Gott.

Siddhartha Gautama: der Name des Mannes, der später nur noch Buddha genannt wurde.

Sioux: Indianerstamm in Nordamerika.

Sonnentanz: großes Ritual der Lakota-Indianer.

Sukkot: das jüdische Laubhüttenfest.

Sunniten: größte muslimische Glaubensrichtung.

Sure: Die Kapitel des Koran werden Suren genannt. Der Koran besteht aus 114 Suren.

Synagoge: Lehr- und Gottesdiensthaus der Juden.

Tempel: ein Haus, das für eine Gottheit gebaut wurde.

Tischri: Monat des jüdischen Jahres.

Tora: hebräisches Wort für das »Gesetz«; siehe weitere Erklärung da.

Totem: die Vorstellung, eine menschliche Gruppe stamme ursprünglich von einem bestimmten Tier ab. Dieses Tier darf von der Gruppe nicht getötet und nicht gegessen werden.

Tradition: die Überlieferung, wie eine Sache früher gemacht oder gesehen wurde.

umma: die Gemeinschaft aller Muslime.

Unberührbare: Hindus, die keiner Kaste angehören.

Unimboti: So nennen die Mitglieder des afrikanischen Stammes Bassar Gott.

Varna: indischer Ausdruck für »Kaste«; siehe dort.

Veden: heilige Schriften der Hindus.

Vishnu: hinduistischer Gott.

Wahrsager: jemand, der meint, die Zukunft voraussagen zu können.

Wakan Tanka: So nennen die Sioux-Indianer die Lebenskraft, den göttlichen Geist.

Weiße Büffelkalb-Frau: Hauptperson im Mythos der Lakota-Indianer. Die Weiße Büffelkalb-Frau brachte den Lakota die Heilige Pfeife.

Widderhorn: Am jüdischen Neujahrstag wird auf dem Horn eines Widders geblasen.

Wiedergeburt: Vorstellung, daß ein Mensch nach seinem Tod in ein anderes Leben wiederhineingeboren wird.

Yams: eßbares Knollengewächs, der Kartoffel ähnlich.

Yoga: indische Methode, durch Atemübungen und Körperhaltungen zur Ruhe zu kommen.

Zeremonie: feierliche Gestaltung eines Ereignisses.

Zuckerfest: muslimisches Fest, das am Ende des Fastenmonats Ramadan gefeiert wird.

Georg Schwikart

Julia und Ibrahim

Christen und Muslime lernen einander kennen

Mit Illustrationen von Gretje Witt

80 Seiten, durchgehend bebildert,

Format 16,5 x 23 cm

ISBN 3-491-79437-4

KORAN

Vielen Kindern macht es Freude, die spannenden Geschichten der Bibel zu lesen.

Dieser Junge ist in den Koran vertieft.

Sie glauben, daß Gott durch die Texte der Bibel zu ihnen spricht. Seine Stimme läßt sich in der menschlichen Sprache der Bibel vernehmen: Er offenbart sich darin. Das soll nicht heißen, daß jeder einzelne Satz direkt von Gott kommt. Aber durch alle Bücher zieht sich wie ein roter Faden die Frohe Botschaft: Gott liebt die Menschen, er läßt sie nicht allein.

Heute ist die Bibel das am meisten verbreitete Buch. In 1600 Sprachen kann man die Bibel lesen. Doch eine Bibel zu besitzen ist etwas anderes, als sie auch zu lesen: Viele Christen haben eine Bibel zu Hause, schauen aber nie hinein.

32

Für die Muslime ist außer in den heiligen Schriften der Juden und Christen vor allem in einem Buch das Wort Gottes aufgezeichnet: im Koran.

Die Muslime sind davon überzeugt, daß Gott durch einen Engel zu Mohammed sprach. Das geschah meistens in der Nacht. Mohammed sorgte dafür, daß alles, was Gott zu ihm gesagt hatte, aufgeschrieben wurde. Da er selbst nicht schreiben konnte, vertraute er den Text Freunden an, die alles für ihn niederschrieben. Dabei durfte nichts weggelassen und nichts hinzugefügt werden.

Nach islamischem Glauben gibt es den Koran seit Erschaffung der Welt bei Gott. Und wenn Gott etwas von sich einem Menschen mitteilt, nennt man das eine »Offenbarung«. Die Offenbarung des Korans an Mohammed geschah über 23 Jahre hinweg. Ohne eine äußere Trennung enthält der Koran Aussagen über den Glauben, Anweisungen für den Gottesdienst oder das Fasten, ebenso Gesetze, Gebete, Geschichten.

33

Christliche und muslimische Kinder leben heute Tür an Tür und gehen in die gleiche Klasse. Vom Glauben des anderen wissen sie oft kaum etwas.

Auch Julia und Ibrahim, die die jungen Leser und Leserinnen in der Rahmengeschichte kennenlernen, gehen in dieselbe Schulklasse. Nach einer zufälligen Begegnung außerhalb der Schule freunden sie sich an und erzählen sich gegenseitig von ihrer Alltags- und Glaubenswelt.

Der Sachteil lädt die Betrachter ein, Christentum und Islam kennenzulernen, zu vergleichen, im Alltag viele Gemeinsamkeiten zu entdecken. Die Kinder lernen dabei, Verständnis für den anderen Glauben sowie die zunächst fremd erscheinende Kultur zu entwickeln.